CAMBRIDGE LIBRARY COLLECTION

Books of enduring scholarly value

Linguistics

From the earliest surviving glossaries and translations to nineteenth-century academic philology and the growth of linguistics during the twentieth century, language has been the subject both of scholarly investigation and of practical handbooks produced for the upwardly mobile, as well as for travellers, traders, soldiers, missionaries and explorers. This collection will reissue a wide range of texts pertaining to language, including the work of Latin grammarians, groundbreaking early publications in Indo-European studies, accounts of indigenous languages, many of them now extinct, and texts by pioneering figures such as Jacob Grimm, Wilhelm von Humboldt and Ferdinand de Saussure.

Vocabulaires méthodiques des langues Ouayana, Aparaï Oyampi, Émérillon

Henri Coudreau (1859–1899) was one of the greatest explorers of the nineteenth century. This 1892 book, containing vocabulary lists for four Amazonian indigenous languages, derives from his three expeditions to French Guyana described in La France Equinoxale (1887, also reissued in this series) and Chez nos Indiens (1892). Three of the languages belong to the Carib family, while the fourth, Emerillon is a Guarani-Tupi language. Aparai is noteworthy in linguistic terms for its unusual word order. Coudreau's word lists, each organised by topics and grammatical categories, and subdivided partly alphabetically and partly by semantic field, represented a huge advance on previous publications on these languages, both in terms of quantity (600 words of Aparai and Emerillon instead of 64 and 10 respectively, over 2000 of Oyampi instead of 400) and in terms of syntactic data (such as phrases using different persons and tenses). Dialect variation is also recorded in the case of Ouayana (Wayana) and Oyampi, which Coudreau encountered in two different areas on successive expeditions. Coudreau's record remains a valuable resource for scholars and students of Native American languages and their history.

T0370590

Cambridge University Press has long been a pioneer in the reissuing of out-of-print titles from its own backlist, producing digital reprints of books that are still sought after by scholars and students but could not be reprinted economically using traditional technology. The Cambridge Library Collection extends this activity to a wider range of books which are still of importance to researchers and professionals, either for the source material they contain, or as landmarks in the history of their academic discipline.

Drawing from the world-renowned collections in the Cambridge University Library, and guided by the advice of experts in each subject area, Cambridge University Press is using state-of-the-art scanning machines in its own Printing House to capture the content of each book selected for inclusion. The files are processed to give a consistently clear, crisp image, and the books finished to the high quality standard for which the Press is recognised around the world. The latest print-on-demand technology ensures that the books will remain available indefinitely, and that orders for single or multiple copies can quickly be supplied.

The Cambridge Library Collection will bring back to life books of enduring scholarly value (including out-of-copyright works originally issued by other publishers) across a wide range of disciplines in the humanities and social sciences and in science and technology.

Vocabulaires méthodiques des langues Ouayana, Aparaï Oyampi, Émérillon

Précédés d'une introduction

HENRI ANATOLE COUDREAU
LUCIEN ADAM

CAMBRIDGE
UNIVERSITY PRESS

CAMBRIDGE UNIVERSITY PRESS

Cambridge, New York, Melbourne, Madrid, Cape Town, Singapore,
São Paolo, Delhi, Dubai, Tokyo

Published in the United States of America by Cambridge University Press, New York

www.cambridge.org
Information on this title: www.cambridge.org/9781108007382

© in this compilation Cambridge University Press 2009

This edition first published 1892
This digitally printed version 2009

ISBN 978-1-108-00738-2 Paperback

VOCABULAIRES MÉTHODIQUES

DES LANGUES

OUAYANA, APARAÏ, OYAMPI, ÉMÉRILLON

CHALON-SUR-SAONE

IMPRIMERIE FRANÇAISE ET ORIENTALE DE L. MARCEAU

BIBLIOTHÈQUE LINGUISTIQUE AMÉRICAINE

TOME XV

VOCABULAIRES MÉTHODIQUES

DES LANGUES

OUAYANA

APARAÏ, OYAMPI, ÉMÉRILLON

PAR

HENRI COUDREAU

Chargé de mission en Guyane (1887-91)

PRÉCÉDÉS D'UNE INTRODUCTION

PAR

LUCIEN ADAM

PARIS

J. MAISONNEUVE, LIBRAIRE-ÉDITEUR

25, QUAI VOLTAIRE, 25

1892

INTRODUCTION

Successivement chargé, par les Ministres de la Marine et de l'Instruction publique, de trois missions dans l'intérieur de la Guyane [1], M. Henri Coudreau a eu à cœur d'y continuer l'œuvre linguistique de son devancier, le regretté Crevaux.

La *Société américaine de France* a publié les vocabulaires colligés au cours de la mission de 1883-85 ; l'éditeur de la *Bibliothèque linguistique américaine* s'empresse de mettre les linguistes en possession des documents que le studieux explorateur a rapportés des missions de 1887-89, et de 1889-91.

Au commencement de l'année 1889, M. Coudreau m'avait fait le grand honneur de me remettre, pour en préparer la publication, un vocabulaire de la langue Ouayana ou Roucouyenne, et un vocabulaire de la langue Oyampi. Par leur étendue, et en raison des nombreuses formes grammaticales qu'ils contenaient, ces deux vocabulaires étaient d'une importance beaucoup plus considérable que les précédents. Le dépouillement en fut long, et au moment où je terminais ce travail préliminaire, M. Coudreau m'informa qu'une troisième mission venait de lui être confiée, que son départ était imminent, et qu'il se proposait

1. LA FRANCE EQUINOXIALE, *Études et Voyages à travers les Guyanes et l'Amazonie*, 2 vol. in-8° et Atlas. Challamel, 5, rue Jacob, 1887.
CHEZ NOS INDIENS, *Guyane Centrale, 1887-1891*, 1 vol. gr. in-8° et carte. Hachette, boulevard Saint-Germain, 1892 (en publication).

de compléter ses vocabulaires s'il en avait le loisir. En juin 1891, il débarquait à Saint-Nazaire, et m'adressait, avec deux nouveaux vocabulaires Ouayana et Oyampi formant comme une seconde édition des premiers, un vocabulaire Aparaï, et un vocabulaire Émérillon.

Avant d'apprécier la valeur de chacun de ces documents, j'ai à faire connaître la forme que l'auteur leur a donnée. Les vocabulaires sont divisés en vingt sections :

1° Éléments ;
2° L'homme, la famille, la vie sociale, etc. ;
3° Parties du corps, maladies ;
4° Alimentation, habitation, ustensiles, armes, etc. ;
5° Marchandises européennes ;
6° Quadrupèdes ;
7° Oiseaux ;
8° Poissons, mollusques ;
9° Reptiles, batraciens ;
10° Insectes ;
11° Arbres ;
12° Arbustes, plantes ;
13° Fruits ;
14° Numération ;
15° Pronoms ;
16° Prépositions ;
17° Adverbes ;
18° Conjonctions ;
19° Adjectifs et participes ;
20° Verbes.

Comme les quatorze premières sections comprennent tous les substantifs, il se trouve que les vocabulaires comportent sept grandes divisions qui correspondent aux Parties du discours. S'agissant de langues que bien peu de personnes étudieront dans un but d'utilité pratique, le plan adopté par M. Coudreau

me paraît présenter de nombreux avantages sur celui qu'une
impérieuse nécessité impose aux auteurs de dictionnaires usuels.
Toutefois, dans un certain nombre de sections, l'ordre alpha-
bétique a été suivi en vue de faciliter les recherches. Ailleurs,
les mots ont été groupés dans un ordre méthodique rendu
apparent à l'œil par l'emploi de caractères égyptiens. Ainsi, par
exemple, dans la première section, la matière est disposée ainsi
qu'il suit : **Ciel**, nuage, temps couvert, brouillard, vent ; **Soleil**,
avant l'aube, lever du soleil, de bon matin, clarté du soleil,
midi... ; **Lune**, nouvelle lune, etc.

OUAYANA

Bien que les éléments du vocabulaire de 1887-89 aient été
recueillis chez les Roucouyennes du Nord (rivières Marouini
et Ytany) tandis que ceux du vocabulaire de 1889-91 l'ont été
chez les Roucouyennes du Sud (rivière Yary) et que fréquemment les deux documents présentent des différences assez
sensibles, M. Coudreau considère les deux parlers comme étant
identiques, et il estime que le second vocabulaire n'annule
point le premier, qu'il est seulement plus exact, qu'en consé-
quence il faut le prendre pour base, sauf en cas de désaccord,
à faire suivre le mot figurant dans le second du mot qui
figure dans le premier. J'ai suivi scrupuleusement ces in-
structions, en remplaçant le double millésime 1887-89 par le
chiffre romain I. Ex. :

Le soir, *oualounac ;* I, *oualouna.*
Premier quartier, I, *tétélémaye.*

L'une des constantes préoccupations de M. Coudreau a été
d'expurger le « Ouayana » des vocables et des formes propres au
patois « Boni-galibi » dont les Roucouyennes font usage quand
ils conversent avec des étrangers. Il m'écrivait dernièrement à
ce sujet : « Je suis absolument certain qu'il existe une diffé-

rence énorme entre le Ouayana pur et le patois Boni-galibi. La moitié des hommes et au moins les quatre cinquièmes des femmes roucouyennes ne comprennent pas ce patois, et quand je parlais Ouayana chez les Bonis, la moitié à peine me comprenaient. Le patois Boni-galibi est un jargon fabriqué par les Bonis et imposé par eux, comme Sabir nécessaire aux Roucouyennes, quand ces nègres sont venus commercer avec eux. » Ce témoignage mérite toute créance, quant à la distinction qu'il y a lieu de faire entre le parler ouayana et le parler boni-galibi, mais il est fort douteux que celui-ci ait été fabriqué et imposé par les descendants des nègres marrons de la Guyanne hollandaise, en effet ce que le Dr Crevaux en a noté le prenant pour du Roucouyenne pur (ouayana) ne diffère pas sensiblement du jargon de traite que Biet, Boyer et La Sauvage ont pris pour du Galibi.

Quoi qu'il en soit, le Ouayana pur appartient incontestablement à la famille Caribe. D'une part, les linguistes qui ont présente à l'esprit la lexicologie des divers dialectes de cette famille constateront de prime abord que les trois quarts des mots leur sont connus, et relativement à l'autre quart, ils se souviendront avoir trouvé dans chaque dialecte un certain stock de mots irréductibles. D'autre part, une recherche quelque peu attentive leur fera découvrir, dans le vocabulaire, un très grand nombre de formes grammaticales foncièrement et exclusivement caribes. Je n'en veux citer pour exemple que l'emploi de la postposition *iya, oya, ouya, ya* en qualité de pronom personnel, curieux phénomène qui n'avait été observé que dans le Tamanaque, mais dont j'ai eu la bonne fortune de constater l'existence en Accawai, dialecte récemment conquis et qui n'a point encore été utilisé dans des vues scientifiques.

Tamanaque. Ex. : *t-enc-cce uja* je l'ai vu ; *a-uja-kne j-emer-jave* si vous le mangez ; *chichemo j-amane-mna-r-jave ite-uja* s'il ne nous avait pas créés.

Accawai. Ex. : *turi wia* je donne; *tah au-wia* tu dis; *eybo-za t-uia yow* s'il a trouvé; *to-wia i-reba-pu* ils lui donnèrent.

Ouayana Ex. : *téhé iya* je mange ; *chine téhé ouya* je mange cela ; *téhé oya* tu manges; *t-épéca-tsé iya* je le prends; *colé piréou t-arepté oya* je fais beaucoup de flèches ; *t-ari-hé oya* tu bois.

Sans aucun doute, l'emploi de *oya* pour représenter tantôt la première personne, tantôt la seconde, choquera les linguistes. Mais, et ici je vais mettre le doigt sur la plaie, comment s'étonner de cette flagrante incorrection, quand on voit la forme impérative *enep-keu* employée comme suit : *touna enep-keu* apporte de l'eau ! *tinéré i-minepalé enep-keu* j'apporterai bientôt des marchandises ; *amoré hapa-ne enep-keu* je t'ai apporté des sabres ? Je pourrais signaler d'autres solécismes non moins évidents, et peut-être devrais-je me demander s'ils proviennent des malentendus qui ont dû fatalement se produire dans des conversations comme celles dont M. Coudreau a loyalement fait connaître les procédés, ou s'ils sont imputables, ce qui serait plus grave, à un état de déchéance grammaticale dans lequel le parler Ouayana serait tombé. Je préfère m'abstenir, et j'aurai rempli mon devoir dans une juste limite, en me bornant à prévenir les personnes auxquelles la linguistique caribe est étrangère, que le vocabulaire Ouayana est une mine d'où on peut extraire nombre de matériaux excellents, mais qu'il y aurait péril à en tenter l'exploitation, sans avoir étudié, au préalable, le lexique et la grammaire des autres dialectes de la famille.

Nonobstant, et sous le bénéfice des observations qui viennent d'être faites, il est vrai de dire que M. Henri Coudreau a quintuplé le domaine conquis par son devancier, et que, dans l'élaboration d'une grammaire caribe comparée, le Ouayana ne sera pas, tant s'en faut, ce qu'on appelle aujourd'hui une quantité négligeable.

APARAI

On ne connaissait, de la langue des Aparaïs ou Apalaïs, que 64 mots recueillis par Crevaux. Le présent vocabulaire en contient plus de 600, dont beaucoup sont comme enchassés dans des formes grammaticales. Ce sont autant de témoignages nouveaux qui viennent s'ajouter à ceux que nous possédons; en effet l'Aparaï appartient, comme le Ouayana, à la grande famille caribe.

OYAMPI

De 1830 à 1833, MM. Adam de Bauve, Ferré et Leprieur recueillirent, dans la région où l'Oyapoc et le Yary prennent naissance, les éléments de vocabulaires qui, après avoir été insérés dans l'un des Bulletins de la Société de Géographie de Paris (année 1834), ont été fondus par Martius en un vocabulaire Latin-Oyampi, contenant environ 300 mots. En 1880, le Dr Crevaux a rapporté de la même région une liste de cent et quelques mots qui a été publiée dans le tome viii de la *Bibliothèque linguistique américaine*. L'apport lexicologique de M. H. Coudreau s'élève au sextuple de celui des premiers explorateurs, et comme il a pris le soin de noter un assez grand nombre de formes grammaticales, on peut dire que son vocabulaire renferme les éléments d'une grammaire qui, bien qu'incomplète, permettra aux linguistes d'élargir le champ des comparaisons. J'ajoute que plusieurs des lois phonétiques régissant l'Oyampi peuvent être dès aujourd'hui déterminées, et j'indique les principales.

a)   B est fréquemment substitué par W, OU. O, U. Ex. :

Kéawe, hamac : Guarani *quihab*, Tupi *kyçaba*.
A-ouaém-ap, je suis arrivé : G. *bahém*, arriver.
Aciou, achiou, épaule : G. *atiib*, T. *atyba*.
E-you, cuisse : G. *ub*, T. *yba*.
Aouassi, maïs : G. *abati*, T. *abatyi*.
Ioui, terre : G. *ibi*, T. *iby*.
Iouira, arbre : G. *ibira*, T. *imira*.
Ariuo, journée : T. *aribo*.
Cao, guêpe : G., T. *caba*.

b) D'autres fois W, OU substituent GU, GO. Ex. :

Ouata, aller : G. *guata*, T. *goata*.

Oua, crabe : G. *goa*.

Ouaïmi, femme : G. *guaybi*, T. *goaïmim*.

Oaaïnoumeuh, colibri : T. *guainumbi*.

Ouara, flamant : T. *guara*.

O-ouyip, il descend : G. *o-gueyib*.

E-rououi; mon sang : G. *che-rugui*.

Taoua, jaune : *tagoa*.

c) R finale est fréquemment substituée par T. Ex. :

A-at, je tombe : G., T. *ar* tomber.

Cociouat, écrire : G. *quatiar*, T. *coatiar*

M-atit, amasser : G. *mbo-atir*, T. *mo-atyr*.

Potat, vouloir : G. *potar-i*, T. *potar*.

Rout, porter : G. *rur*.

Yot, venir : G. *yur*, T. *ur*.

Kèt, dormir : G. *quèr*, T. *kèr*.

d) S. C CH substituent fréquemment T. Ex. :

Cing, sing, blanc : G. *tynga*.

Ci, nez, bec : G. *ty-m*, T. *ti-m*.

Cining, maigre : G. *tyning*.

Acouci, agouti : G., T. *acuti*.

Possiron, prestation : G. *potyron*.

e) MB, ND sont le plus souvent atténués en M. N. Ex. :

Nami, oreille : G., T. *namby*.

Tanimore, cendre : G., T. *tanimbu*.

Nimo, fil : G. *ynymbo*, T. *inimbo*.

Inamou, perdrix : G., T. *inambu*.

Enoua, mortier : G., T. *indoa*.

Renawe, lieu : G. *rendaba*, T. *tendaba*.

Eni, flamme : G. *hendi*, T. *cendi*.

Coumana, haricot : G. *cumanda*, T. *comenda*.

f) Les cas d'aphérèse et de syncope sont nombreux. Ex. :

Ouira, arbre : G. *ibira*.

Pia, œuf : G. *hupia, rupia*.

Ouaye, queue : G. *tuguai*, T. *çobaya*.

E-réa, mon œil : G. T. *reça*, œil.

Couaraeu, soleil : G. *quaracy*, T. *coaracy*.

Yaeu, lune : G. *yaci*, T. *jacy*.

Iare, igare, canot : G. *igara*, T. *ygara*.

Tayaou, cochon marron : G. T. *tayaçu*.

Yao, pleurer : G. *yaheo*, T. *jaceon*.

Poanne, filer : G. *poban*.

Iouitire, montagne : G. *ibitire*, T. *ibytyra*.

Les deux vocabulaires Oyampis contiennent, à côté de nombreuses formes grammaticales parfaitement correctes, beaucoup de formes dont M. Coudreau a dit qu'elles sont difficilement explicables. Dès 1889, j'avais appelé son attention sur ce contraste, en lui faisant remarquer combien il était bizarre que des gens sachant parler leur langue commissent autant de fautes grammaticales. Sa réponse a été qu'il avait exactement reproduit les locutions employées par les Oyampis, et que les incorrections qui me préoccupaient pouvaient tenir à l'état misérable dans lequel vivent aujourd'hui ces petites tribus. Si des incorrections de même nature sont observées dans d'autres dialectes guarani-tupis parlés par des Indiens vivant eux aussi dans la misère et l'éparpillement, cette explication sera, dans une certaine mesure, admissible.

Ce qui a été dit précédemment, au sujet du Ouayana, des différences existant entre les deux vocabulaires, est applicable en tous points aux documents Oyampis. Les mots qui figurent dans le premier vocabulaire sont précédés du chiffre I.

ÉMÉRILLON

Dix mots que Crevaux avait notés en passant ont suffi au Dr P. Ehrenreich pour reconnaître que l'Émérillon appartient à la famille Guarani-tupi. Ce hardi diagnostic est pleinement confirmé par le vocabulaire de M. Coudreau qui contient au-delà de six cents mots desquels on peut dégager un certain nombre de formes grammaticales caractéristiques. Ce dialecte, dont la science est redevable au jeune et heureux explorateur, est régi par les lois phonétiques en vigueur dans l'Oyampi, mais il se distingue de celui-ci par ces trois particularités que Z substitue fréquemment Y, que la substitution de T à R est à peu près constante à la fin des mots, et que dans certains cas cette même dentale remplace YE.

a) Ex. : *zaé*, lune; *pazé*, piaye; *zapeain*, platine; *zapéa*, bois à brûler; *zaouat*, tigre; *zapacani*, pagani; *zacaré*, caïman; *zanépa*, génipa; *zétic*, patate.

b) Ex. : *tapiit*, tapir; *arat*, ara; *eït*, miel; *ipiret*, écorce; *couat*, trou; *è-raït*, mes enfants; *miat*, gibier, viande; *iat*, canot.

c) Ex. : *ouat*, queue; *mot*, serpent; *o-porahat*, danse.

Lucien ADAM.

Rennes, 12 octobre 1891.

OUAYANA

Pris au Yary, avec les tamouchis Marière et Atoupi, en conversant au moyen du jargon Boni-Galibi, d'un peu d'Oyampi, et m'aidant de périphrases et de gestes. Septembre, Octobre, Novembre 1890.

1º Éléments.

Ciel, *capou* ; I, *saouen.*
Nuage, *timéréré* ; I *olousoué.*
Le ciel est nuageux, I, *saouène alisouia molo.*
Temps couvert, *taouamé, talimé.*
Temps couvert au lever du soleil, *tapourounemé.*
Brouillard, vapeurs : *moutomé, moutoum,* I, *capaouaptéré.*
Il y a du brouillard sur Pililipou, *alisouia Pililipou-po.*
Le brouillard se dissipe, *capaouaptéré nissa.*
Vent, *taoun* : I, *toouon.*
Grand vent, *taoun ahpoye.* Brise : *taoun apsic.*
Soleil, *chichi.*
Avant l'aube, *taouaïnaye.* Aube, I, *mokéoula.*
Lever du soleil, *chichi téécactaye.*
De bon matin, *cocopsic.*
Clarté du soleil, du feu : *saouém, yaouahé.*

— 12 —

Midi, *camanpora*. Quatre heures de l'après-midi : *camanpolaène*.

Une heure de l'après-midi : *hemtacaye*.

Les heures chaudes, *ancomhac*.

Le soir, *oualounac* ; I, *oualouna*.

Le coucher du soleil, *chichi toutèye*.

Obscurité, *ouaroumé*. La nuit : *coco*.

Lune, mois : *nounoueu* ; I, *nounoué*.

Nouvelle lune, pas de lune : *nounoueu-mna*.

Commencement, fin de la lune : *apsic nounoueu*.

Premier quartier, I, *tétilémaye*.

Pleine lune, *nounoueu pepta-mé*.

Étoile, *sirica* ; I, *siriké*.

Étoile filante, *sirica téépourecaye* ; I. *tépounpeu*.

Vénus, *taparoucaoua*. Pléiades : I, *énaou*.

Grande ourse, *petpine*. Lumière zodiacale : *itihmé*.

Comète, *taparoucaoua-pepta*.

Voie lactée, *coumaca houaroutpeu* ; I, *ouéi*.

Été, *uéyimé* ; I, *ouéyou toppé*.

Commencement de l'été, *uéï potiremé* ; I, *kerinkerin*.

Il fait chaud, I, *échimsac*, *élamtaye*, *élamoucoure*.

L'été est chaud, I, *ouéyou toppé appoye*.

A demi tari, *ouataïmé*. Tari : *touna téotaïhé*.

Flaque d'eau déssêchée, *yapihné*.

Hiver, *copo-mé*.

Commencement de l'hiver, *uéinepeumé*.

Commencement des pluies, I, *maouahimé*.

Pluie, *copeu* ; I, *copo*.

Arc-en-ciel, *camnanaye* ; I, *caminanaye*.

Humide, I, *olousoué*. Rouille : *atouicaye*.

Le matin est humide,*coco-psic olousoué inéré*.

Froid, *tiépéhé*. Il fait froid : *tamouikène*,

Je vais à l'ombre, *iamonépeu toutèye*.

L'ombre de quelque chose, *iamorènepeu*.

L'hiver n'est pas fini, I, *copo aouempo oua*.

Éclair, *pouipouip* ; I, *mêlemèle ouapot*.

Tonnerre, *tarara.*
Le ciel est rouge c'est de l'orage, I, *saouèn tapiré tarara-méré.*
Terre, sol : *érotaouaye*, I, *lomo.*
Sable, *samout.* Poussière : *éréoue.*
Roche, *tépou.* Pierre : *tépou-psic.*
Caillou blanc, *tépou-éoure.*
Caillou de rivière, *yaglaoua.*
Caverne, *tépou ééta.* Cavité : *catori.*
Or, argent : *caracouli.* Pépite : *caracouli-psic.*
Fer, *ouioui, siparali.*
Plaine, *iramonemé.*
Savane, *ona* ; I, *saouane.*
Montagne, *ipoui.* Colline : *ipoui-psic* ; I, *aquile.*
Pays montagneux, *ipoui lekén, ipouihpé molo, colé-mané ipoui.*
Pic, *haranemé.* Ballon : *camnanaémé.*
Sommet, *émoropo.* Gravir une montagne : *époui-po nan.*
Descendre une montagne, *amétac.*
Forêt, *itouhta* ; I, *itoutao.*
Broussaille claire dans la forêt, I, *sapi.*
Eau, *touna.* Mer : *parana.*
Sel, *saoutou, parana.*
Lac, *icoutpeu;* I, *issacara, paoumé.*
Émissaires du lac, *icoutpoichi.*
Marais, *pouriimé ;* I, *icalitao.*
Terres noyées, *alouépo.*
Vase, boue : *couricha*, Argile, I. *couissa.*
Pays marécageux, *couricha lekén.*
Ruisseau, crique : *amat, amat-apsic;* I, *ipoun.*
Rivière, *amat pepta, pepta-mé amat.*
Rivière d'eau blanche, *yacounemé amat.*
Rivière d'eau noire, *talilimé amat.*
Source, *oupoutpeu;* I, *touna-oupoutpeu.*
Quel est le nom de cette rivière : I, *nepo ehed chine polili?*
C'est la rivière, I, *polili lekén.*
En amont, *ahtoupoye'*; I, *atipoye.*

En aval, *amintaye, amétac* ; I, *eloptaou.*
Embouchure, *countae;* I, *amotaou contae.*
Fort courant, *apétoumhac touna.*
Peu de courant, *totaïhé touna.*
Boucle, rivière sinueuse : *touna ouiririmé.*
Saut, *icholi;* I, *abalali.*
Le bruit qu'y font les eaux, *tiriri.*
Bois flotté, *yaécoho.*
Ile, *ьhmonta* ; I, *amotao, pao.*
Dégrad, *canaoua cann-top.*
Feu, *ouapot.* Cendres : *érouétpeu* ; I, *loué.*
Tisons, *ouapot éhtarané;* I, *achimsac.*
Charbon, *tépourérouétpeu.*
Flamme, *tériri ;* I, *achimsac.*
Fumée, *arichioua;* I, *olousoué.*
Echo, I, *oho.*
Il y a de l'écho, *you omile toutèye auepehac pananginaye.*
Lieu, place : *patare.*
Milieu, *iramnaéré.*

2º HOMME, FAMILLE, VIE SOCIALE, etc.

Homme, mâle : *okiri, érourouae.*
Femme, *oli, ouoliye.*
Nourrisson, *mouremoure ;* I, *mouroumourou.*
Petit garçon, *cami,* I, *pitani.*
Petite fille, I, *oli-psic.*
Jeune, *mourémé, youmtapé.*
Vieux, *tamouchi-mé;* I, *tamo.*
Mariage avec une femme faite, *épouinemé tépékatsé ;* I, *icalé.*
Mariage avec une fille non encore nubile, *i-moumcourouma t-épékatsé.*
Mon époux, *i-mnéroume.*
Mon épouse, *i-pouit.* Ton... *é-pouit.*

Femme sans mari, *i-mnérimoué-mna*.
Veuf, *i-pouit térémopsé.*
Veuve, *i-mnéroume térémopsé.*
Aïeul, aïeule : I, *couni.*
Père, grand-père : *papac ; I, papa.*
Mère, *mamac ; I, mama.*
Grand-mère, *couni.*
Orphelin, *papac, maman térémopsé.*
Mes enfants, *i-peïnoum.*
Mon fils, *you moumoure.*
Fille, petite fille, *yèmcire, moumour-èmcire.*
Ma petite fille, I, *étéloua.*
Frère, *aconn,* I, *yacone.* L'aîné : *akinamé.*
Le cadet, *ocomné,* I, *acomné.*
Jeune frère, *cami,* I, *elamnaou.*
Sœur, *tachi.*
Oncle paternel, *papa aconn.*
Oncle maternel, *coneco, conico.*
Tante, *papa aconn i-pouit ;* I, *i-pit.*
Neveu, *papa acone moumoure, maman acone moumoure;* I, *ipahé.*
Nièce, *papa acone yèmcire, maman acone yèmcire ;* I, *ipahé.*
Petit-fils, petite-fille, I, *ipari-psic.*
Cousin-germain du côté paternel, *yaconn, acon.*
Cousin-germain du côté maternel, *cono.*
Beau-père, *papa-pouinemé ;* I, *conon, nani.*
Belle-mère, *maman-pouinemé ;* I, *otpeu.*
Le frère de ta femme, I, *amoré oli ineré acone.*
La sœur de ta femme, I, *amoré oli inéré tachi.*
Ami, camarade : *yépé, yakérène, paouanare, coulé;* I, *paouangri.*
Tes amis, *amoré papourou yépé.*
Tribu, village : *i-patare ; pata, pati.*
Village, *aouté.* Les villages des autres : *eoutet.*
Village récent, *yanemeu mann i-patare.*
Village déjà ancien, *pacanemeu i-patare.*
Village abandonné, *pénatounpeu, patatpeu.*

Ancien village, I, *pénatompo.*
Chemin, sentier; *héma;* I, *oma, chima.*
Suivons le sentier, *héma-tawe toutèye.*
Indien, *tapiré okiri, calina.*
Indien de couleur claire, *tépihaaké.*
Indien de couleur foncée, *tétpopouremé.*
Indiens bravos, mansos : *oïré, oïré-éı a.*
Galibi, *calibi.* Roucouyenne : *ouayana.*
Un noir, *talilimé okiri;* I, *caripono.*
Les nègres bonis, *mécoro.*
Nos nègres civilisés, *panakiri peïto.*
Un blanc, *ticroké okiri.*
Les brésiliens de l'Amazone, *calayoua.*
Les français, *parachichi, panakiri;* I, *parassiri.*
Il y a longtemps que les français sont les amis des roucouyennes :
oupac coulé ouayana parachichi coulé ; oupac paouanare ouayana parachichi malé.
Étranger, hôte : I, *napoïta.*
Chef de tout le pays, I, *yapotoli.*
Chef de village, *tamouchi.*
Soldat, sujet, serviteur : *i-peïto.*
Alliés, confédérés : I, *tomonmhè, oupangmé.*
Ennemis, *ouhmotsé, caripono*; I, *coulé-héra.*
Guerre, *ticayemotaye*; I, *toto-poc.*
Être victorieux, I, *téépéré maracoutaté.*
Être vaincu, I, *tatachica.*
Prisonnier, I, *caémomoumoutpeu.*
Amitié, paix : *coulé.*
Ils ne veulent pas la paix, *coulé iché-ora.*
Dieu, *capoulou.* Dieux : *yoloc, couroum.*
Le serviteur de ces dieux, *aouira.*
Sorcier, médecin : *piaye.*
Les paroles du piaye qui traite un malade, *érémi-né;* I, *élémi.*
Remède, *i-épit.* Donner un remède : *t-épi-nopehé.*
Brûler un mort, *téhéouahé.* La crémation : *téouahé.*

Enterrement, tombe : *oronawe* ; I, *coucoutec, aouatec, t-énampto.*

Cimetière, *colé-mann oronawe.*

Nom, *éhéd.* Quel est ton nom : *éti-po éhéd ?*

Quel est le nom de cette crique : *été chinn amat éhéd ?*

Elle n'a pas de nom, *éhéd-i-mna.*

Langage, *omile.* Le langage des Oupourouis est le même que celui des Roucouyennes : *oupouroui omile ouayana omile mala lekén.*

Dessin, image : *toukoukhé* ; I, *tiriqueré sapore.*

Papier, livre : *caréta* I, *ti-carita.*

Peintures sur le corps, *chipé.*

Paiement, *épétpeu* ; I, *nicarété pitpéhé.*

Fête, I, *touahé, touaouatéc.*

Chants, *érémiiran* ; I, *ouaye.*

Danses, I, *ouaye.* Danse costumée ; I, *toulé.*

Les danses avec les flûtes, *toulé-mé.*

La danse de nuit avec les costumes les plus riches, *ocomomé.*

Danses où l'on se fait vis-à-vis, I, *acoulipoutpeu, couroupoutpeu.*

Espèces de danses tournantes, I, *acomeu, assissala, mamhali.*

Danse costumée avec le fouet et le nouclat, *pono.*

Danse exécutée par les gens du village aux danseurs du Pono, *ouané-poc.*

Épreuves de la nubilité, *maraké.*

Il va prendre le maraké, *tinéré téépouhé.*

Il n'a pas encore pris le maraké, *épouroura mann mohé.*

Homme à bonnes fortunes, *tamouchi coco.*

Prendre une femme pour quelque temps, *onopsé.*

Prostituée, *aliéoupaye.*

3° PARTIES DU CORPS, MALADIES.

Corps, *i-poune* ; I, *i-poune-ca.*

Chair, I, *i-poune.* Peau : *pitpé,* I, *pipot.*

Sueur, *t-aramouctaye* ; I, *touna.*

2

Graisse, *écat ;* I, *ticaké.*

Os, *yetpeu.* Sang : *mouéou,* I, *méou.*

Veines, nerfs : *ichit.* Nerfs, I, *emouri.*

Pouls, *taouhérémaye,* I, *couchicon.*

Tête, *i-poutpoure,* I, *itépourou.*

Crâne, *youhpitpire,* I, *opcarape.*

Cervelle, *imépéhacoure,* I, *mopsac-coule.*

Cheveux, *yomhet,* I, *yomcet.*

Cheveux bouclés, *toumehéouiriime.*

Visage, *téétourouaye,* I, *saouèm.*

Front, *i-pehnanre,* I, *pénare.*

Tempes, *you-héréma-top,* I, *y-amatare.*

Sourcils, *épihpot,* I, *yèoureni.*

Cils, *épihpot,* I, *épipot.*

Peau au-dessous des sourcils, *y-éoureni.*

Œil, *y-éoure,* I, *y-éourou.*

Paupière, *y-éoure-pitpé.* Larmes, I, *touhamoye.*

Nez, *y-emna-ré.* Narines : *y-emnaré-itare.*

Oreilles, *i-panaré.* Joues : *i-popta-re.*

Bouche, *yépota-re,* I, *y-emtala.*

Lèvres, *yetpi-re,* I, *yopota-i-pitpi.*

Langue, *i-noure,* I, *e-nourou.*

Salive, *i-éta-coure.*

Dents, *y-éré.* Gencives : *y-ér-apo.*

Menton, *y-étachire.*

Barbe, moustaches : *y-ét-pot.*

Poil, *ihpot,* I, *épipot.*

Cou, I, *i-poumouri.*

Gorge, I, *yéouyetpé.*

Cou, gorge : *yéénawe*

Gosier, estomac, I, *youané.*

Épaules, *y-apé-toumoure,* I, *epa.*

Aisselles, *y-eaptare,* I, *y-apta.*

Bras, *y-apouère,* I, *y-apore.*

Avant-bras, *y-apoué-toumoure.*

Coude, *y-apore-cine*, I, *y-aporé-chiru*.

Poignet, *imourit*, I, *mécoune*.

Main, *y-amore*.

Main droite, gauche : *y-apétoune, ipoouoïnè*.

Paume, *y-amo-ramna*, I, *y-amou-ramaou*.

Doigt, *y-amotpéréroune*, I. *y-amore-pédili*.

Phalanges, *y-amor-emouri*, I, *hémouli*.

Pouce, *y-amouroumouit*, I, *émouit*.

Index, *inamotsire-top*, I, *yamochimato*.

Doigt majeur, *y-amotpéréroune*, I, *lamnaou*.

Annulaire, *y-amotpéréroune*, I, *ipokeren*.

Petit doigt, *t-moumcoure*, I, *moucoure*.

Ongles des doigts, *y-am-haoui*, I, *amo-hai*.

Ongles, *mamsaoui*.

Poitrine, *y-éré-patare*.

Mamelle, lait : *soussou*.

Lait de femme, I, *iciécoule*.

Côtes, *otkelane*, I, *otcran*.

Cœur, *y-éré-ouanné*, I, *ouanné*.

Poumons, *ichoone*, I, *etar*.

Ventre, *iramire, i-étépou* ; I, *parica*.

J'ai le ventre dûr, *you étépou-ne takipsé*.

Bas ventre, I, *ilamile*.

Nombril, *i-ponire*, I, *ponile*.

Foie, *éréré*.

Entrailles, intestin grêle : *ouakchiriri*, I, *y-achirile*.

Gros intestin, *i-étépou*.

Voies urinaires, *acicoure héma*.

Pénis, I, *iaouon, méré*.

Urine, *téhictaye*, I, *soucou*.

Testicules, *y-émoure*.

Matrice, I, *mouni, erire imon*.

Le coït, *sourou*.

Femme grosse, *mounomé* ; I, *pepta*.

Accouchement, *téécactaye*, I, *tikipou-poutpeu*.

Dos, *y-apoui,* I, *api.*

Colonne vertébrale, *i epi-étpeu.*

Hanches, *y-écoun.* Rognons : *èréminé.*

Fesses, *i-aritare.* Anus, I, *youéhé.*

Excréments, *ouaté.*

Cuisse, *i-pet.* Gras de la cuisse : *i-pet-poune.*

Genou, *y-ééhmoure,* I, *y-émourou.*

Rotule, *y-ééhmoure pta-pourou.*

Jambe, *i-ouacire,* I, *ouachile.*

Tibia, *i-achir-étpeu, i-ouaci.*

Mollet, *i-oua-poun.*

Cheville, *igracoun,* I, *iracoule.*

Pied, *é-poupoure.* Empeigne : *ipoupoure.*

Talon, *i-ptépoure,* I, *etépoure.*

Orteils, *é-pouh-péréroune,* I, *epoupé-pédili.*

Gros orteil, *i-poupouremouit.*

Plante du pied, *i-ptare.*

Ongles des orteils, I, *piro-hahi.*

Aveugle, *optahepéou,* I, *yolou-mna.*

Blessure, I, *aléké, s-apayététépeu.*

Boiteux, *i-achi-toupkeleye,* I, *taouyon.*

Borgne, *éoure-ma,* I, *opté.*

Bossu, *i-epiétpeu-toupkeleye.*

Cauchemar, I, *quirine.*

Convalescence, I, *oualacoure.*

Crampe, *t-émoui.* Diarrhée : *toakhamen,* I, *ouacsan.*

J'ai la diarrhée, *toakham-ca you.*

Ecorchures, boutons : *coupita.*

Forte écorchure, *erik.*

Fièvre, *achipehac,* I, *tamouiken.*

Hydropisie, *couroumé, tounah-pé.*

Inflammation, *torore-mé.*

Ivresse, *tahouénameptèye,* I, *enéptémoye.*

Luxation des orteils, I, *ocopi.*

Maladie, *ouamé-ira* ; I, *oméoula, atoumhalala.*

Mort, cadavre, I, *térémopsé*.
Rhume de poitrine, *couamaye*.
Rhume de cerveau, *couamaye y-éninarid ;* I *yemnare atomhac*.
Sommeil, *t-iniksé*.
Tumeur, gros bouton, I, *youyou*.
Variole, I, *quiriri*.
Vomissements, *tiénataye ;* I, *ténataye, énarou*.

4ᵘ ALIMENTATION, HABITATION, USTÈNSILES, ETC.

Chasseur, I, *icahémo*.
Gibier, viande : *iote, ioti, téhém*. Il y a peu de gibier ici : *oua mann talé ioti-mna, pékénatpeu téhém*.
Piste, *poupoutpeu*, I, *chimali*.
Terrier, *éroé-éta*. Affut dans un arbre, I, *yarapté*.
Pêcheur, I, *akipine*.
Poisson, *caa*, I, *caoué*.
Pêche en enivrant la rivière, I, *lemopka*.
Barrage fait pour prendre le poisson, *t-apouhém*.
Hameçon, *oca*. Ligne : *oca-youarc*.
Amorce, I, *oca-yot*. Panier à poisson, I, *macot*.
Piège à caïman, I, *opa-top*.
Canot, *canaoua*. Petit canot : *canaoua-psic*.
Grande pirogue, *conooto*.
Bordage, *i-copacine*,
Résine servant à calfater, *cara-mani*.
Pagaie, *apoucouita ;* I, *aporicouita, siocoro*.
Banc de canot, *paranca*.
Grande pagaie du patron, *yacoumane*.
Patron du canot, *canaoua antigoua ;* I, *antequile*.
Les hommes de l'avant, *iporo*.
Abatis, *i-toupi ;* I, *maïna, ima*.
Abatis abandonné, *i-toupi-nepire*.
Petit bois de l'abatis, *uéué atkine*.

Gros bois de l'abatis, *uéué pepta.*

Vivres, *énépouire*, I, *enepiou.*

Manioc, *ourou*, I, *yapine.*

Rape à manioc, *simali*, I, *tépou.*

Farine de manioc, *couaké*, I, *equéi.*

Couleuvre à manioc, *kineki ;* I, *tineki.*

Cassave, *ourou.* Cassave fraîche ; *ouraracane.*

Cassave dure, *ourou takipsé.*

Chubé de couac, *taréré-man couaké.*

Cassave trempée dans du bouillon, *ourou tihpaye.*

Tapioca, *coutouli, chicaca.*

Bouillie de couac, *tacaca.*

Bouillie de tapioca, *tipounème.*

Boissons, *oki ;* I, *topkeu.*

Boissons diverses, *cachiri, chacola, omani, méli ;* I, *payaouarou.*

Cachiri de tapioca, *coutouli-écoure.*

Cachiri de bananes, *parourou-écoure.*

Cachiri d'ignames, *napeuk-écoure.*

Cachiri de maïs, *ehnay-écoure.*

Mâcher la cassave pour faire de l'omani, *omani tépoye.*

Jus de canne à sucre, *acicarou-écoure.*

Bâton avec lequel on bat la canne, *acicarou émo-top.*

Auge où on fait le cachiri, *canaoua-mène.*

Maison, *pacolo.* Ma maison : *i-pacolo-ne.*

C'est ta maison, *é-pacolo-ne chinn* ?

C'est sa maison, *mohéré pacolo-ne.*

Maison haute à plancher, *mouen.*

Maison ronde à étage ouverte en bas, I, *monta.*

Maison semicirculaire à étage, I, *tilaca.*

Maison de nuit, *épé-top*, I, *itouta-pacolo.*

Maison des hôtes, I, *otomane.*

Petite maison fermée, *maïpouri oua canoutpeu.*

Carbet à toit horizontal, *mècoro-pane ;* I, *nécropane.*

Carbet à toit incliné, *ouocouatkire.*

Petit carbet, I, *y-éraca.*

Carbet où les femmes travaillent, *ouriki-top.*

Carbet du piaye, *t-épiém-pacolo-ne, t-épièm-méyop.*

Poteaux de la case, *pacolo époure.*

Feuilles qui recouvrent la case, *ayòné.*

Traverses qui soutiennent ces feuilles, *chichma top.*

Les traverses, *aopouroune.*

Toit, I, *pacolo-apourou, pacolo étawe.*

Clé, I, *apoura-top.* Échelle : *apouii.*

Escalier, I, *caoué.*

Banc, tabouret ; *cololo.*

Petit banc ouvragé, *moyéré.*

Natte, *panmacari,* I, *paya.* Balai : *picha.*

Foyer, *ouapot-patare.*

Bois à brûler, *ouapohraconn.*

Souffle-feu, *anapamoui.*

Briquet, *ouapot-ouhmo-top.*

Boucan, *yara.* Flambeau : *uéyou.*

Marmite en terre, *oha.* Terre à potier : *arioué.*

Marmite en fer, I, *souyé.*

Bouillon, *touma, chacoui, tigréué.*

Palette à remuer le bouillon, *anica-top.*

Platine, *orinat,* I, *arinate.*

Assiettes des Indiens, *érimac.*

Assiettes des blancs, *marapi,* I, *malapi.*

Cuiller (de calebasse), I, *soupou, chicara.*

Tamis, *manaré,* I, *omkali.*

Manaret en forme d'oiseau, I, *yacui.*

Manaret en forme de poisson, I, *maca.*

Manaret du maraké, I, *counana.*

Mortier, *aco.* Pilon : *aco-ep,* I, *aco-yé.*

Calebasse, *toutpeu,* I, *toutoupé.*

Jarre, *oha-pepta* Bouchon : *apouroure.*

Gargoulette, I, *ouatacan.*

Vases à boire, *carapi, caripo ;* I, *calipo.*

Grand bol, I, *arimata.*

Bol dans lequel on buvait jadis le cachiri, I, *couméli*.

Paniers, *pacara, piraci;* I, *croucrou*.

Tacari, *mara;* I, *chimala*.

Hotte, *catari*. Coffre : *pataya*, I, *titoumaye*.

Coffre des Oyampis, I, *mamha, tihangma*.

Roseau à mettre les plumes, *conorou-atkire*.

Coton en pelote, *maourou ti-momehé*, I, *itépome*.

Coton le plus fin, I, *maourou etkinène*.

Fil de coton, *maourou téourahé*. Fil, I, *akine*.

Corde, *iouare*. Nœud : *timehé*.

Calembé, *camisa-ne*. Tangue : *ouéyou*, I, *couéyou*.

Trou dans un calembé, *camisa tipocaye*.

Hamac, *état*. Cordes du hamac, *étar-iouare*.

Hamac dans lequel on porte les enfants, *cami ioua*.

Ceinture faite d'un écheveau de coton, *acaoualé*.

Jarretière, *ouaïpou*.

Bâton, *énépoure*. Casse-tête, I, *capalou*.

Mon, ton, son arc : *i-païra-ne*, *é-païra-ne*, *païra-ne moguerë;*
    I, *païla*.

Flèche, *piréou*. Le bois de la flèche : *pouimouire*.

Les dents de la flèche, *tikériri*.

Les plumes de la flèche, *taréptèye*.

Flèche sans plumes, *piréou aré-mna*.

Avec la flèche, *piréou-ké*. Ma flèche : *i-uré*.

Quelle est cette flèche : *énic piré chinn?*

Curare, *ourari*. Hache de pierre, *potpou*.

Pierre à aiguiser, *sépi*.

Peigne indien, *omecaye*.

Coiffure de plumes, *apoumali*.

Couronnes de plumes, *oroc, tipapo;* I, *olocou, olokiri*.

Panache de plumes, I, *courimao*.

Collerette de plumes, *orocane*.

Triple queue en plumes, *ekire apoyane*.

Planchette à laquelle cette queue est agrafée, *eukeu ahmit;* I,
    iequiné.

Plastron de plumes qu'on porte sur le dos, *harikété*.
Le chapeau du Pono, *orocapo* ; I, *olonacane*.
Chapeau symbolique porté dans les danses, *tapehèm* ; I, *tapsém*.
Collier de perles, *cahourou* ; I, *cachourou*.
Collier de coquillages du Parou, *ologoura*.
Collier de graines de Panacoco, *onohcoé*.
Collier de graines coniques, I, *ouayari*.
Collier de graines cylindriques, I, *taraïrou*.
Collier de grains, I, *piripiri*.
Collier de fabrique Trio, *sara*.
Collier de grains noirs, *acoulicoure*.
Batonnet passé aux colliers de l'avant-bras, *ipacikire*.
Graines de bâche servant de grelots attachées à la cheville des
danseurs, *couaye*.
Roseau garni de ces graines, I, *mouichi*.
Le fouet du Pono, *taï*. Fouet, I, *ipila-top*.
Costume en lanières d'écorce, mèche du Pono, *noucarat* ; I,
nouclat.
Flûte, *toulé* ; I, *loué, sari*.
Flûte faite d'un tibia de biche, *capao-yétpeu*.
Flûte dont le son est analogue au mugissement d'un taureau, I.
talouloupan.
Instrument de musique formé d'une carapace de tortue et de
petits roseaux, I, *pouloupoulou*.
Tabac en carotte, *tamouari timehé*.
Tabac coupé, *tamou-alili* ; I, *tamoui*.
Cigare indien, *tamouyon*.
Son enveloppe, *tamouyon-pitpé* ; I, *tamou-aliri*.
Pipe, *tamou-iri-top*.

5° MARCHANDISES EUROPÉENNES

Aiguille, *acouha*, I, *acoussa*.
Bague, *hémotaou* ; I, *mohtaou, mouantaou, entérou*.
Bouton *pita*. Bracelet, I, *émécouayeoua*.

Chapeau, *sapo.* Ciseaux, *érachi.*

Clé, *apouroua-top.* Clochette : *hampana.*

Couteau, *maria.* Le manche : *époure.*

Petit couteau, *maria-couti*; I, *maria-psic.*

Epingles, *arouhpèrèrou.*

Fusil, *aracaboussa.* Munitions : *alili.*

Le fusil n'est pas chargé, *alili-mna.*

Hache, *ouioui.* Harpon, I, *cachipare.*

Harpon, clou : *poutoupoutouri.*

Houe, *hampa.*

Lime, scie : *krikri*; I, *quinqueri.*

Malle, *pacara.*

Marchandises, *mouinepalèle,, i-minepalé ;* I, *mompalélé.*

Mes bagages sont finis, *i-minépalé ténatsé.*

Miroir, *aroua.* Peigne, I, *yanmecaye.*

Peigne long, *paca-étpeu yonnoutpeu.*

Peigne court, *paca-étpeu atkine.*

Perles, *cahourou;* I, *cachourou.*

Plomb, *piroto.* Poudre : *couroupara.*

Rasoir, *maouaha;* I, *bacapina.*

Sabre, *sapa, hapa.* Soulier : *sapatou.*

Tournevis, *kiki-top.*

6° QUADRUPÈDES

Mâle, *érourouae.* Femelle : *ouoli, ouéliye.*

Les petits, *moumkeu.*

Poil, *ihpot.* Patte, I, *niatpi.*

Queue, *ouatkire;* I, *ouatquile.*

Terrier, antre : *lounaou,*

Acouchi, *acouri;* I, *coichi.*

Agouti, *acouli;* I, *acouri.*

Aï, *aloucolé;* I, *alicolé, iri.*

Bœuf, *paca.* Cabiaï : *capiouara.*

Cariacou, *caria* ; I, *caracou*.
Chat, *aratalé* ; I, *pouchi*.
Chat-tigre, *maracaya*. Cheval : *caouáyau*.
Chien, *caïcouchy*, *caïoui*, *yéki*.
Cochon marron, *pégnékeu* ; I, *aloukeu*.
Loutre, *aouaoua*. Macaque : *mécou*.
Pak, *coulimao*. Pakira : *pakira*.
Rat, souris : *mounpeu*.
Sapajou, *couciri* ; I, *couanarou*.
Sarigue, *mouéou* ; I, *boulou*, *aoualimeu*.
Singe barbu, I, *ouaïcoupit*.
Singe rouge, *alouata*. Son hurlement : *étapomouira*.
Tamanoir, *oualichiman* ; I, *alichimé*.
Tapir, *maïpouri*.
Tatous, *capaci*, *capachi*, *maraémé*.
Tigre, *caïcoui*. Son rugissement : *nétapamé*.
Petit tigre noir, I, *aratalé*.
Le tigre a mangé un chien, *caïcoui yéki tahé*.
Tigre noir, *éouaroumé*.

7° OISEAUX

Oiseau, *ponmponm* ; I, *topitiptiré*, *eki*.
Aile, *apouère* ; I, *apoué*.
Plumes, *i poupot* ; I, *ipot*.
Bec, *i potiri*. Patte : *i-poupoure*.
Empreinte, *t-poupou-ptire*.
Ponte, I, *técataye*.
Œuf, *ihmon*, *imon*, *poumo*.
La poule a pondu, *courachi t-ihmoné*.
Couvade, I, *ipona*, *hépo*.
Nid, *t-ihmo-po* ; I, *i-poumouri*.
Queue, *y-atkire* ; I, *ouatiquiri*.
Agami, *mamhali*. Aigle : *pia*, *pian*.

Aigrettes, *tounagro, acaraïmeu;* I, *alatacachi.*

Aras, *araroua, couyari, conoro.*

Canard, *ourouma;* I, *oulouman.*

Cancan, *carawe.* Cassiques : *payagoua, sagrae.*

Charpentier, *ouétou.*

Chauve-souris, *panaouane;* I, *lélé, éré.*

Coq, *érourouan courachi;* I, *corotoco.*

Poule, *ouériye courachi;* I, *courachi.*

Sa crête, *courachi-rarokire.*

Son ergot, *courachi-rékire.*

Gorgerette, *courachi réhépiroconé.*

Oreillette, *courachi rétacouane.*

Coq de roche, *méou.* Coujoubi : *couyououi.*

Goëland, I, *mayarou.*

Héron, I, *macaraémé.*

Hibou, *aloulou;* I, *coucoucou.*

Hirondelle, *chimichimi.*

Hocco, *oouoc, ouoc.*

Maraye, *acaouac;* I, *acaoua, couioui.*

Martin-pêcheur, *atoula;* I, *atoura.*

Oiseaux chanteurs, I, *siouet, siuit.*

Oiseau rouge chanteur, *caouanare.*

Oiseau qui entre dans les cases, *toucouy.*

Onoré, *onoré;* I, *onole.*

Ortolan, *tocaraïmeu.*

Paganis, *siui, haouatare;* I, *acaouataoue.*

Perdrix, *sorhote, sororo;* I, *sosorro, cigara, maipo.*

Perroquets, *coulécoulé, popakia, ouarepoïc, paraoua, horhore, maracana;* I, *quioquio, aroutété, paricoura.*

Pie, *sisihiop;* I, *piacoco.*

Ramier, *ouarami;* I, *poti.*

Spatule, I, *caouéimeu.*

Toucans, *kiapok, kechi, couliman;* I, *paraouana.*

Urubus, *couroume, aouira.*

Urubu blanc, noir; I, *coulou, aola.*

8º POISSONS, MOLLUSQUES

Poisson, *caa*. Œufs de poisson : *caa-pouma*.
Arête, *yétpire*; I, *yetpé*.
Petits poissons, *caa-thire*; I, *patacachi, ca, etpa*.
Gros poisson qui a peu d'arêtes, *érécteuimé, érécteu*.
Poisson boucané, *caa tonoremaye, canépeu*.
Poisson à queue rouge, I, *acara*.
Anguille, L. *caroye, malétoppa*.
Aymara, sorte de carpe : *aymara*.
Brochet (esp. de petit), *tarépa*.
Coumarou, *coumarou*; I, *ouataou*.
Courimata, *aroumachi*; I, *loumachi*.
Crabe, I, *siparate*.
Crevette, I, *couëïmé, ichourou*.
Cuirassiers, *pouéré, poré, poné, rapapa*; I, *pélé*.
Gymnote, *arimina*.
Pacou, I, *pacou, ouatac*.
Pacou noir, *pacou*. Pacou blanc : *achitaou*.
Piraigne, I, *pégné*.
Raie, *sipari*; I, *chipali*.
Souroubi, *souroui*.
Gros souroubi rougeâtre, *counoroimé*.
Poissons divers, *mataoualé, moroc, ouarapa, torossy, tou-couchy*.

9º REPTILES, BATRACIENS

Serpent, *eukeuye*; I, *ocoye, aiman*. Venin : *aki*.
Boa, *eukeuyeue-imeu*; I, *ocoyoumeu*.
Boa, *oualamari*.
Caïmans, *ariué, ariué-imeu, couroure*; I, *aloué*.

Le musc des caïmans, *tepitéké*.

Chenilles, *aroukeu, étagrané*.

Corail, I, *pachi-ocoye*.

Crapauds, I, *pélélé, maoua, couto, maouaéméoune*.

Escargots, *conoto*. Grage, *pirahéri*.

Grenouilles, I, *oumoure, opa, ayamouri*.

Petite grenouille jaune et noire, *ouaroumi*.

Iguane, *olori*; I, *oyamaca*.

Lézards, *caouana, cotcotoloro, apacara, sipourourou ;* I, *sapacara, ouanouaye, ouirare, yoye*.

Mantouni, *coué*.

Scorpion, *coumépep ;* I, *moumé*.

Serpent rouge, *capawe*.

Serpent vert, blanc et bleu, *ioye*.

Tortue de terre, *acouli-poutpeu ;* I, *courou-poutpeu*.

Tortue, *youlouta*.

Tracoya, *pourpoure*.

Ver macaque, *ihkeu*. Vers de palmier : *iripé ;* I, *couaye orosoui*.

Vers de viande, de poisson : *motopi*.

Ver, I, *motolosi, motoroye*.

10° INSECTES

Abeille, *ouaporoane, sir-ouane ;* I, *taouachiném*.

Miel, *ouané*. Cire dure *agro*.

Cire tendre, *togroye*.

Araignée, *sacasaca*.

Cancrelat, I, *comiraire, coumiyoure, liri*.

Chique, *chiqueu*. Fourmi, I, *mopsac, ilac*.

Fourmi manioc, *kiaouae, kiaoc*.

Autres fourmis, *youc, irac, apara,* I, *quiaoueue, ouassaouassa*.

Guêpes, *ocomo, capchéo, mograoualé, orocot, couani, erinaouale*.

Maque, I, *alouata,*

Maringouin, *mohac;* I, *mamhalé, macou.*
Mouche, I, *oléolé.* Mouche à dague : *alama.*
Nid de guêpes, fourmis, etc., *opo, étawe.*
Papillon, *panamem;* I, *tamotamo.*
Piað, *mopi-ri.* Pou : *éyamé;* I, *iyan.*
Pou d'agouti, I, *piré.*
Ravets, *coupapé, conopimnac.*
Tiques, *caïmeuc, coupali;* I, *caïmot.*

11° ARBRES

Arbre, *uéué;* I, *ouéoué.*
Pied d'arbre, *uéué époui.*
Racines, *uéué i-mit;* I, *amid.*
Tronc, I, *ouéoué-tare.*
Écorce, *uéué-pitpe;* I, *pipiri.*
Branches, *uéué-amat;* I, *amateiaca.*
Arcabas, *épara i-mit.*
Feuilles, *aré, ari;* I, *pirioui.*
Fleur, *récoure, écoure.*
Fruits, I, *ouéoué-pédile.*
Graines, *alire.* Huile : *i-cat, é-cat.*
Épines, *caniké;* I, *aquiri.*
Résine, *épcouré;* I, *mani.*
Mousse, *ué-ach-ihpot.*
Arbre à encens, *aroa;* I, *aroua.*
Arbre qui produit une espèce de nèfles, I, *pouchoure.*
Arbres à résine, *paracta, mani.*
Acajous, oroye; I, *olochimen, arapourou.*
Bois d'acajou, *chimali.* Aouara : *yaouara.*
Balisier, I, *parou.* Bâche : *couaye.*
Bois très combustibles employés pour la crémation, I, *aymara,*
  yéré, ourououéoué, palouloumouri.
Cacaotier, *ouarapourou.*

Calapari, *tourichimeu.*
Calebassier, *toutpeu époui.*
Caumou, *caumou ;* I, *ariqui.*
Cèdre, I, *ouaye.* Chaouari : *ouipeu.*
Chêne d'Amérique, I, *ouahi.*
Copahu, I, *copayoua.* Couchi, I, *couépi.*
Fromager, *coumaca.*
Génipas, *couroupeu, pichoufou;* I, *couloupeu.*
Mamantin, I, *ouapoli.*
Mombin, *monpé.*
Palmiers, *caouaye, pouépoué, ouaraoré, carana;* I, *mourou-mourou, queuyi.*
Panacoco, *onohcoé.*
Pékéa, *pékéa;* I, *ouariqueue.*
Pinot, *ouapou.* Sapotillier sauvage, I, *taca.*
Touca, *tétoukeu;* I, *toutouca.*
Arbres divers, *maripa, ouacap, ouapa, oulimare, tourlouri.*

12° ARBUSTES, PLANTES

Arrouman, *ouarouman;* I, *oualouma.*
Balourou, *parou;* I, *malari.*
Bois canon, *coulégueré.* Bambou : *roué, sali.*
Canne à sucre, *acicarou.* Cotonnier : *maourou.*
Counana, *arouco.* Cramanioc, I, *ticarmé.*
Champignons, I, *youpiouimeu, aponoc, aponot.*
Épinards indigènes, I, *palilipan.*
Fougères, I, *acoutouhimeu, caraquoua, alimia.*
Giraumon, *acicara.* Herbe à enivrer : *counani.*
Igname, *napeuk,* I, *napi.*
Latanier, *couacouaïmeu.*
Lianes, *cihnat;* I, *ouèt, chimo.*
Liane à enivrer, *halihali, pérère;* I, *salisali.*
Maïs, *ehnaye;* I ; *enaï.*

Patate, *napi.* Pite : *couraouate.*

Roseau, *couremouri ;* I, *courimouri, enalaipeu.*

Roucouyer, *onot époui.*

Pied de Tabac, *tamoui époui.*

Arbustes divers, *courmouri, ouiya, pomenoc.*

13° FRUITS

Ananas, *nana, éréué ;* I, *aréué.*
Bacove, *pori.* Banane : *parourou.*
Citron, *limaou.* Goyaves, I, *sipayopo, ocayote.*
Haricot, *coumata.* Fève tonka : *mapicou.*
Papaye, *coumaou ;* I, *ariouaou.*
Piment, *achi ;* I, *pomè.* Pistache, I, *ané.*
Orange, *péréciman.* Pomme d'acajou : *oroye.*
Tomate, *counoui.*

14° NUMÉRATION

Un, *pékénapteu;* I, *aouini.*
Deux, *sakéné, hakéné.*
Trois, *éhérouae ;* I, *héléouaou.*
Quatre, *éhépitihmé;* I, *ipitimé.*
Cinq, I, *ipitimna.*
Six, I, *époquelé.*
Sept, I, *mahaleken.*
Au-dessus de quatre, *colé* (beaucoup).

15° PRONOMS

SING. I

Je, me, moi : *you, éou, ou, iya, oya, ouya.*
De moi, *you, i-.*

3

Mon couteau, *you maria*. Mon bras ; *you apore*.

Ma main, *you amore, i-amore*.

Mon hamac, *i-état*. Mon fils : *i-moumoure*.

Ma fille, *you oli-psic, i-èmcire*.

Mon canot, *i-canaoua-re*. Ma femme, *i-pouit*.

Ma peau est blanche, *i-pitpé ticroké*.

Mes mains, *you amore hakéné, you sakéné amore*.

Mes bras, *you apouère hakéné, you sakéné y-apore*.

Mes enfants sont morts, *i-peïnom téramoyené*.

Mes cheveux sont blancs, *toup-croké you*.

Ce chien est à moi, *i-caïcoui*.

Ce n'est pas à moi, *oua you*.

SING. II

Tu, te, toi : *amoré, amolé, moué, iya, oya*.

De toi, *amoré, amolé, é-, a-*.

Ton couteau, *é-maria-ne*. Ton bras ; *amoré y-apore*.

Ta main, *amoré amore*. Ta flèche : *é-ouré*.

Ton abatis, *a-toupi*. Ton fils : *é-moumoure*.

Ta fille, *é-ou-èmcire*. Ton canot : *é-canaoua*.

Ton mari, *é-mnéroune*. Ta femme : *é-pouit*.

Ta peau est rouge, *é-pitpé tapiré*.

Tes mains, *amoré hakéné amore*.

Tes bras, *amoré sakéné y-apore*.

Tes cheveux sont noirs, *touhpourmé amoré ; I, talilimé amoré y-onchet*.

Ce chien est à toi, *é-caïcoui*.

Ce n'est pas à toi, *oua amoré*.

J'ai apporté des sabres pour toi, *amoré hapa-ne énép-keu*.

SING. III

Il, le, lui : *mogueré, moheré, mohé, mo, héré*.

iné ; I, *inéré, inélé, mehé, moglé*.

De lui, *mogueré, moheré, mohé, héré, i-, o-, ou-, té-*.

Elle, la, à elle : *i-pouit mogueré.*
D'elle, *mogueré, moheré, mohé, i-, i-pouit.*
Le couteau de lui, *maria-ne héré.*
Le bras de lui, *inérè y-aporc.*
La main de lui, *i-amoré, inéré amore.*
Le fils de lui, *mohé moumoure mohé.*
La femme de lui, *mohéré pouit.*
Le hamac de lui, *o-ou-état.*
La fille de lui, *mohèr-èmcire.*
La flèche de lui, *moheré piré.*
Le papier de lui, *mogueré caréta-ne.*
Le couteau d'elle, *i-pouit maria-ne.*
La main d'elle, *i-amore.*
Le bras d'elle, *chine oli y-apore.*
Le fils d'elle, *mohé moumoure.*
Le mari d'elle, *moheré mnéroune.*
Le hamac d'elle, *i-pouir-état.*
La fille d'elle, *mohér-èmcire.*
Les mains de lui, *mohéré amou hakéné.*
Les bras de lui, *inéré sakéné y-apore.*
Les enfants de lui, *mohéré peïnom.*
Les mains d'elle, *i-pouit amore hakéné.*
Les bras d'elle, *chine oli sakéné y-apore.*
Les enfants d'elle, *i-pouit peïnom.*
Ce chien est à lui, *mohéré caïcoui.*
Ce n'est pas à lui, *oua mohérè.*
Ce chien est à elle, *i-pouit caïcoui.*
Ce n'est pas à elle, *oua i-pouit.*
J'ai apporté des sabres pour lui, *mogueré hapane énép-keu.*

PLUR. I

J'ai apporté des sabres pour nous, *hapa-ne énép-keu hapa-ne.*
J'ai des chemises pour nous deux, *you chemisa molo moheré akéré.*

— 36 —

I, Pour « nous », quand ce sont les hommes qui parlent, ils disent : *calina;* s'ils vous englobent dans leur dénomination, ils disent : *calina parachichi malé.* Quand « nous » est absolument inclusif, ils disent : *papoure* (tous).

PLUR. II

J'ai apporté des sabres pour vous, *i-sapa-ne énép-té-keu méra.*
Ces marchandises sont pour vous, *chine a-mouinepalè-re.*
I, Pour « vous », ils usent de ces périphrases : *amoré chine malé, amoré amou malé.*

PLUR. III

J'ai apporté des sabres pour eux, *colé-psinane sapa énép-keu you.*
I, Ils disent pour « ils-» : *chine calina, calina;* pour « elles » *chine oli, oli.*

———

Ce, celui-ci, ceci : *séré, héré, séné, chine, chinn, sine; tan* (pour les choses).
Cette femme veut un couteau, *chine mane maria iché oli.*
Ce chien chasse bien le pakira, *chine mane caïcoui pakira-peuc apoye.*
Cette crique a de grandes chûtes, *chine amat icholi pepta.*
Comme celui-ci, *héré catib, séré catib.*
Coupe ceci, *séré tékétsé.*
Autre, *acone;* I, *amou.*
Un autre est arrivé, *acone timocsé.*
En voici un autre, *molo acone.*
Quelqu'un, quelqu'autre, I, *amou-amou.*
Je viendrai une autre fois, *amo-rimé timocsé you.*
Tous, chaque personne : *éméreu;* I, *arènemaye, papoure.*
Rien, *ca-ora;* I, *ca-oula.*

Qui? quel? quoi? *énic, étihé; éti.*
Quel indien, celui-ci? *énic ouayana, chine?*
Qu'as-tu vu? *énic t-énéye amoré?*
Quel est son nom? *énic-po mogueré éhed?*

16° PRÉPOSITIONS

Dans. Dans le chemin, *héma-tawe.*
Il y a beaucoup de gibier dans la montagne, *téhem colé molo ipoui-tawe.*
Dans le coui, *carapi iawe.* Dans l'eau : *touna ouawe.*
Dans le panier, *piraci-awe.* Dans ta case : *é-pata-we.*
Dans le village, *pata-u.* Au soleil : *chichih-nawe.*
Dans une branche de l'Ytaury, *Alitauri amat-couâwe.*
Dans le canot, *canaoua-po.* Dans l'île : *ahmonta-po.*
Dans ton hamac, I, *amoré état-po.*
Dans la forêt, *état-po, itou-po.*
Dans sa maison, *mohéré pacolo-po.*
A. Allons à l'abatis, *toutèye i-toupi-nac.*
Allons à Couyari, *toutèye Couyari-couac.*
Allons à Pililipou, I, *toutey Pililipou-po.*
Je vais à l'abatis, I, *maïna-po nissa.*
Chez, vers, auprès de. Allons chez Atoupi, *toutèye Atoupi pona.*
Chez Marière, *Marière pona.*
Chez moi, *i-pata-we;* chez toi, *é-pata-we;* chez lui, *ou-pata-we.*
Je vais chez les nègres, *toutèye you mécoro pata-re.*
Vers, auprès du village, *moyééra pata-re.*
Vers la crique, *moyééra amat.*
Auprès du feu, *ouapot mitawe.*
De. Je suis revenu de Cottica, I, *natapoui Cottica-po.*
Je viens du Parou, I, *Parou-po nompoui.*
De Cayenne, à Cayenne : *Cayenne ponan.*
Au dégrad, *canaoua-canto-ponan.*

Sur. Sur le boucan, *yara-po.*
Sur la platine, *orinat-po.* Sur l'arbre : *uéué-po.*
Sur les roches, *tépou-poro.*
Sur la maison, *pacolo ouhpo, ouhporo.*
Sur la montagne, *ipoui ouhpo.*
Au Yary, sur une roche, I, *Yary-po, tepou-po.*
Sous. Sous le boucan, *yara opiné.*
Sous la malle, *pacara opiné.*
Avec. Viens avec moi, *amoré toutèye y-akéré.*
Je vais avec toi, *y-akéré toutèye.*
Va avec lui, avec mon frère : *toutèye akéré, i-acone akéré.*
J'ai coupé cela avec mon sabre, *chine tékétsé sapa-ké.*
Je le ferai avec mon couteau, *chine téguéré iya maria-ké.*
Il est mort du rhume, *térémopsé couamaye-ké.*
J'irai avec mon serviteur, *toutèye you peïto malé.*
Je mange le poisson avec du sel, *caa téhé iya saoutou malé.*

17° ADVERBES

Oui, *na, taora, euh.*
Fort bien, ah oui : *aouèm* (pour *aouèmpo*).
Non, *ouâ, ouâ-telé, oua,-mna,-ora,-tapec* ; I, *oualé, ola, oura.*
   pa.
Ce n'est pas un roucouyenne, *Ouayana-tapec.*
Ici, *talé;* I, *chia-né, tan, moyéré.*
Pas ici, *talé-ora.*
Là, *chia, sia.* Là bas : *mouiahcoure*
Devant, avant : *akinamé.*
Derrière, aprés : *ocomné;* I, *ocominé.*
Loin, *crepchac;* I, *crepsac.*
Pas loin, *crepehaké-ora.*
Près, *papehac.* Très près : *moyééra.*
Dedans, I, *momkèré.*
Dehors, I, *pilolopo.*

— 39 —

Aujourd'hui, maintenant : *chimalélé.*
Hier, *coconé.* Avant-hier : *moun-coconé.*
Demain, *anoumalélé.*
Après-demain, *moun-anoumalélé.*
Il y a un instant, I, *yane.*
Longtemps, il y a longtemps :,*oupac.*
Il y a très longtemps, *oupac apoye.*.
Il n'y a pas longtemps, *oupac apsic.*
Bientôt, *tinéré, tinéré-péhéré.*
Le plus vite possible, I, *tinéré, tinélé.*
Toujours, *touhoulé;* I, *enatioula.*
Quelque temps, *touhoulé-psic.*
Jamais, I, *etalé pa-ola.*
Ensuite, *moroïnep.* Déjà, I, *ca, amoumé.*
Vite, *achi-me-hac.*
Lentement, *achi-mna;* I, *minemé.*
Quand iras-tu : *tiapo toutèye amoré?*
Quand es-tu arrivé : *eticaye-po timocsé moué?*
Beaucoup, *colé, colé-apoye, colé-psic, colé-ria, ria.*
Excessivement, *apoye, ohamna;* I, *colé-colé.*
Un peu, *apsic, pité;* I, *psica, psikeu.*
Je veux un peu d'eau, *apsic touna iché you.*
Attends un peu ici, *aouap talé pité!*
Assez, *maca, yalamane.*
Encore, I, *aconché.*
Seulement, seul : *lekén, kén.*
Il y a seulement des lézards, *olori lekén.*
J'y vais seul, *you lekén toutèye.*
Combien? *trané.* Combien de fois dort-on en chemin : *trané t-iniksé héma-tawe?*
Combien as-tu de serviteurs : *trané-né peïto?*
Même, *mala;* I, *malala.*
C'est la même chose, *mala lekén.*
Moi, c'est la même chose, ami : *marar you lekén.*
Comme, ainsi : *catib, souala-lekén;* I, *ecati.*

Jé suis ainsi, *souar you.*
Bien, très bien : I, *ohamna, poura, aptaou.*
Où? *téponé;* I, *népo.*
Où est le chemin : *téponé héma?*
Où es-tu garçon : *téponé cami?*
Où est-il : *tépo nan iné?*
Où vas-tu? I, *éticaye-po toutèye moué?*
Où vas-tu? I, *népo nissa?*
D'où viens-tu? I, *népo nompoui.*
Où est-il? I, *nepo-né?*

18º CONJONCTIONS, INTERJECTIONS

Aussi. Les Roucouyennes aiment à danser, les Français aussi :
ouayana tome parachichi tome touaye toaké.
Il n'y a pas de viande, ils mangeront seulement des ignames et
aussi de la canne à sucre et des papayes : *ioti-mna apoye,
napeuk lekén tépehé, acicarou tome tekén tarihé, coumaou
tome lekén tépehé.*
Pourquoi es-tu fâché : *tachiké amoré pogueré?*
Pourquoi es-tu toujours en voyage : *tachiké amoré toutèye
toutèye lekén?*
Pourquoi faire? I, *tome?*
Pourquoi ne vient-il pas? *tachiké nompoui oua inéré?*
Parce que je n'ai pas mangé, *machiké touké-ora you.*
Parce que mon fils est malade, *marachiké i-moumoure
ouameira.*
Parce que je n'ai pas d'abatis, *i-toupi-mna-chiké.*
Parce qu'il travaille, I, *t-amaminé chiqué.*
Quand, si. Quand les eaux sont grosses il n'y a pas de poisson.
touna pepta aptaou caa-mna.
Quand l'hiver sera arrivé je partirai, *copomé timocsé aptaou
toutèye you.*
S'il arrive il arrivera, *timocsé aptaou timocsé.*

Si c'est aujourd'hui c'est bien, si c'est demain c'est bien, I,
chimalélé aptaou chimalélé, anoumalélé aptaou anoumalélé.
Interjection de surprise, d'admiration, I, *kéheukeu.*
Hélas, I, *chià.*
Oui, eh bien, allons ! I, *ma.*

19° ADJECTIFS ET PARTICIPES

Adroit, *ipoc.* Maladroit; *ipoké-ora.*
Je suis maladroit, je manque toujours, *ipoké-ora you takihé lekén.*
Tu es maladroit, *ipoké-ora moué, ipoké-ora manaye.*
Adroit, habile : *ipoka-mané;* I, *aki-pé, aké-houra.*
Maladroit chasseur, *aki-tsé.*
Habile à tirer le gibier, *ipoka-mane aracabousa téhém taieye.*
Habile à flécher, *ipoka more ouétsé.*
Affamé, *tépépsé.* Je suis affamé, il y a longtemps que je n'ai pas mangé, *tépépsé you, oupac oya touké-ora.*
Agitée (l'eau d'une rivière), *chipachi parou.*
Aigre, *tiénaye, tihénaye.*
Amer, I, *maïcane.*
Aqueux (un fruit), I, *nonemeu.*
Assis, *tipimésiyé.*
Avare, *amamhac;* I, *ipoké-ola moglé.* Audacieux, I, *ticaléhen.*
Bas, I, *lomo-cane.*
Bavard, I, *araouara-mane.*
Beau, joli : *pétoucourou;* I, *couranou.*
Cette femme est très jolie, *pétoucourou apoye chinn oli.*
Bien. Est-ce bien : *chinn aïré ?*
Blanc, *ticroké.* Bleu : *tioulé;* I, *taouame.*
Bon, *ipoc, ipogrép, ipoc-apsig-répa;* I, *iroupa, iroupa-ela, eria, y-apsène-mé.*
Ce roucouyenne est bon, *chine mane ouayana ipoc.*
Oui c'est bon, *ipohca.*

Merci, I, *iroupa ipoc.*

Bon à manger, *éripopehac, yagoué ;* I, *tépopsa, ipoc, sousoumé.*

Pas bon à manger, *yagoué-ora ;* I, *topo-ola.*

Mon cachiri est meilleur que le tien, *okiri mane ipoké-ora you okir-ipoc.*

Boucané, *tonahécané.*

Bouché, fermé : *t-apouhé.*

La crique est bouchée, il y a beaucoup d'arbres : *t-apouhé mane amat, colé uéué.*

Carré, *témourisoulé.* Causeur : *téotachicaye.*

Peu causeur, *tinouréra ;* I, *méléca-ora.*

Chaud, *achipchac.* Chauve : *o-popoti-mna.*

Content, I, *epipsac.* Mécontent : I, *tépoquelé, étacica.*

Contourné, *yoyom.*

Couché, *técoumporo ;* I, *etat-po-t.*

Court, *coupé ;* I, *coupé-psic.*

Cheveux courts, *yomhet coupé.*

Debout, *pouiri.* Doux, I, *yagoué.*

Droit, *yapom.* Dur, *takipsé.*

Pas dur, *takipsé-ora.*

Enflé, I, *tiptororo.*

Enroué, *étapomouira, omiira.*

Enroulé, *ouiririmé.*

Épais (une étoffe), *mouenemé ;* I, *mounmé.*

Épais (un homme), *timnoké.*

Fâché, *époguere ;* I, *t-epoquelé.*

Cet indien est fâché avec sa femme, *chine ouayana té-pouit malé poguéré.*

Pas fâché, *époguéré-ora.* Faux, I, *ayopé, tapé.*

Fendu, *tacouricaye.*

Fatigué, I, *anoumsac.*

Fin, menu : *atkine.*

Fort, *anoumhac ;* I, *apétoumhac.*

Pas fort, faible : *anou-mna ;* I, *ouanon.*

Fort (un piment), *youmhac.*

Fort —· Parler fort, querelle : *apotoumhac omile.*

Fou, I, *léouépé.*

Généreux, I, *amoumhac.*

Grand, haut : *coupimé, pepta, pepta-psi-rép.*

Gras, *i-capehac;* I, *capsac.*

Gris, *timirikhé.*

Gros, *pepta;* I, *poumhac.*

Haut, I, *caouahɘnhap.*

Honteux, I, *toétapogré.*

Humide, mouillé, *roucoulouli.*

Imbécile, sot ; I, *ouenca.*

Indisposé, souffrant : *tarayéri.*

Intelligent, I, *yapsenmé.*

Jaune, *taouam;* I, *tamaré.*

Laid, *oïri;* I, *popté.*

Large, *pepta, yaoué.* Pas large, étroit, I, *apsic.*

Léger, I. *souémé.* Long : *coupimé.*

Maigre, I, *ca-ola.*

Malade, *étoumhac, ouamé-ora;* I, *yétoumsac.*

Je suis malade, *étoumhac you, ouamé-ira you.*

Malade (un enfant), *téohépouranepaye.*

Mauvais, *ouayameu,* I, *yaouameu.*

Méchant, *ipoké-ora,* I, *tachica.*

Menteur, *ahpé-mé.* Véridique, *ahpé-ora.*

Mince (une étoffe), *yahpiné.*

Mince (un homme), *tipépehé.*

Mûr, *tapiré, amnacpiramé;* I, *oulala.*

Pas mûr, *maïcame, amnamouri.*

Neuf, nouveau : *yanemé;* I, *yané.*

Noir, *talilimé, pourmé.*

Odorant — Qui sent bon, I, *salipopsac.*

Qui sent mauvais, I, *saye.*

Paresseux, *i-manime-mna, ikipehac;* I, *akipsac.*

Pesant, *tégnemé.* Pas pesant ; *tégnemeu-ora.*

Petit, *apsic, atkine;* I, *akine.*

Peureux, I, *élamhac*. Pas peureux : *éra-mna.*
Plein, *t-arihé, t-oupoutsé ;* I, *talé-houra.*
Pourri, I, *tipomné, timataye, chimantaye, ticolé.*
Profond, *toupké ;* I, *toupcane.*
Pas profond, *ouataïmé ;* I, *méhira.*
Pleine eau, I, *toupké tona.*
Rassasié, *timnoké ;* I, *t-ari-né, iamé, atoucou-hé-ola.*
Rectangulaire, *coupimé.* Ridé : *toupkérèreye.*
Rond, I, *tamilimili oualelé.*
Rôti, *tipouhé.* Rouge : *tapiré.*
Savant, sage, I, *touencá.* Sec : *téaciré.*
Tendre, *ourarac ;* I, *ourara.*
Tendu — Arc tendu, *tihtéhpouaïmaye.*
Arc non tendu, *païra miramé.*
Travailleur, *ikeu-ora ;* I, *iqui-oula.*
Vert, *ichérounmé ;* I, *séloumé.*
Vieux, *youm, youhmé, o-pacat ;* I, *young, pacat-yon.*
Vide, *ticamché ;* I, *t-aléhé.*
Voleur, I, *témégna.*
Vrai, I, *ampéra moglé.*

20° VERBES

Abandonner un village pour en faire un autre ; *patare tarimaye, témochiptèye, timiacanemaye.*
Abattre, I, *akétéqueré.*
Je veux faire un abatis, I, *maïna aket icé you.*
Je veux faire une maison, I, *pacolo aket icé you.*
Aboyer — Le chien aboie, il a entendu un gibier : *caïcoui chi-caïkeu, iote panangmaye chiké.*
Accoster un canot, I, *siacoura caïqué.*
Accoste le canot : *canaoua énép-keu!*
Accrocher, suspendre, *natagramaye.*
Acheter, *t-épécat-sé, épécaté ;* I, *épécat, épécat-quelé, ch-apoui.*

Je veux acheter ton chien, *é-caïcoui épécaté hé you*.

Le blanc a dit qu'il veut acheter un hamac, I, *panakiri omile était ch-apoui icé inéré*.

Aiguiser, I, *sépi*.

Aiguise le couteau : *maria tiépicé!*

Aimer, I, *émacouloumeu*.

Aimer une femme, I, *emacpé*.

Je t'aime, I, *you émacouloumeu amoré*.

J'ai aimé, I, *you émacouloumeu oupac*.

J'aime cette femme, *chine oli akéré toaké-ouaye*.

J'aime cet homme, *chine okiri toaké you*.

J'aime manger des papayes, *coumaou t-éméye iya toaké-ouaye*.

Je n'aime pas cela, *chine én-éné-ora you*.

Allaiter, *cami soussou-peuc;* I, *iciécoule-poc*.

Aller — *a)* Je vais au village des nègres, *mécoro patare toutèye you*.

Je suis allé au Parou, *oupac-apsic touté-mé Parou-po*.

Les femmes sont allées chercher du manioc à l'abatis, *imoponan toutèye i-pouit ourou-poc*

Je n'y vais pas, *touté-ora you*.

Où est-il allé : *tépo toutèye mohé?*

Demain j'irai chasser *anoumalélé iote toupicé outé-aye*.

b) Je vais me baigner, *tépéhé itè-aye*.

Tu vas te baigner, *épéhé-ca m-outé-aye?*

Je vais dormir, *t-iniksé ité-aye*.

Tu vas dormir, *t-iniksé mouété-ya*.

Il va dormir, *t-iniksé mo-té-ya*.

Je ne veux pas que tu t'en ailles, *ihé-era ité moué*.

Pourquoi veux-tu t'en aller : *tachiké ité hé moué?*

c) Allons partons! *aï, aïmeut!* I, *ahimeut*.

Allez manger, *aï tétouk-ta!*

Va-t-en, tu es un mauvais garçon, *aï, cami ipoké-ora mana!*

d) J'irai demain à Piquiolo, I, *anoumalélé nissa you Piquiolo-po*.

Va-t-en, I, *nissa*. Où vas-tu? I, *népo nissa?*

Iras-tu? I, *nissa amoré?* J'irai, I, *couchi nissa*.

Tu vas à l'abatis ? *maïna-po nissa?*

Aller, I, *séye, témoyaye.*

Aller à la selle, *ouicaye.*

Allumer le feu, *ouapo-raconemak, ouapo ourek;* I, *olé-té-ké ouapot.*

Allume ton cigare : *é-tamoui iponemak!*

Apporter — Apporte de l'eau : *touna énép-keu, énép- té-k énép-ta!*

J'apporterai des marchandises, *tinéré i-minepalé énép-keu.*

Qu'apporte-t-il : *énic t-énépe-hé ia ?*

Apporte l'autre : *acone éné-ta !*

Apporter, I, *énép-keu, énép-ti-keu, alé-keu.*

Apporte-moi à manger : *iot énép-keu.*

Apporte le bouillon et la cassave ; *touma ourou énép-keu.*

Amarre le canot, *canaoua timehé.*

Arracher le manioc, *toumcaye, taouaye.*

Arranger. — J'arrange les marchandises dans ma malle, *i-mouinepalé pacara-yat ténema iya.*

Arriver. — Il arrive à l'instant, *apsic timocsé.*

Est-il arrivé : *timocsé-ca mogueré ?*

Arriver, I, *moka, ti-mok-sé.*

Asseoir. — Assieds-toi ici sur le banc : *talé touinkélé cololo-po!*

Attacher, I, *i-poum-quelé.*

Attacher les chiens, *caïcoui i-pouimouit.*

Attacher un hamac, *tohapté.*

Attacher la hotte, *catari técamouctaye.*

Attendre, *aouapa, aouap ;* I, *alisétaye.*

Avoir, y avoir, être. — Y a-t-il des aymaras : *molo aymara?* Il y en a : *ihmé.*

Il y a beaucoup d'ananas, *molo nana colé.*

J'ai des enfants, *molo i-moumoucoure.*

As-tu des enfants : *molo-cané moumcoure?*

J'ai une femme, *molo i-pouine.*

Il n'a pas de femme, *i-pouiti-mna.*

Je n'ai pas de marchandises, *i-mounepalé-ora ouaye.*

As-tu du cachiri : I, *cachiri molo amoré?*

Le ciel est nuageux, I, *saouène alisouia molo.*

Avoir besoin ; *iché, icé, ihé, hé.*

J'ai grand besoin de hamacs, *état icé apoye ouaye.*

J'ai besoin de deux indiens, *hakéné ouayana hé.*

Avoir faim — I, as-tu faim : *tépépsé amoré?*

Avoir grand froid, *tiépché.*

Avoir peur, *élanmhac;* I, *alampsac.*

J'ai soif, I, *touna-hé-ouaye.*

Se baigner, *t-épéhe, épéhe;* I, *epihé.*

Baisser — L'eau baisse, *téotaihé.*

Se balancer dans un hamac, *téohéouimaye.*

Balayer, I, *picha-poc.*

Battre sa femme, *i-pouit coupiriaye naye.*

Battre la canne, battre l'ennemi : *touhmoye.*

Se battre avec un homme, *tépotépoéhé.*

Bêcher l'abatis, *tipomoye.*

Blesser un gibier, *tacourémaye.*

Se blesser avec un couteau, *tootocoye.*

Se blesser avec une hache, *toot-akétzé.*

Boire — Je bois beaucoup, *colé t-arihé you.*

Je bois le cachiri, *cachiri t-arihé ouaye.*

Bois-tu du cachiri : *cachiri-ca t-arihé oya?*

J'en bois, *t-arihé-rémné.*

Il buvait avec les Roucouyennes, *oki t-arihé ouayana malé.*

J'ai déjà bu un peu, *oupac apsic uéri-aye.*

Je ne veux pas boire, *éniri-hé-ora.*

Il boit, I, *inéré sénéli.*

Elle boit, I, *chine oli sénéli.*

Bois donc : *ére-keu ticaye!*

Bois, bois un peu, I, *caïqué coure, caïqué psic!*

Boucaner, *nanaétireké;* I, *tonomatquéré.*

Boucane la viande : I *yara-poc iote!*

Je boucanerai le Pakira, *you nissa yara-poc pakira.*

Boucher, *t-épouhé.*

Bouillir, I, *tiikeré*.

L'eau bout, *touna témomotsé*.

Fais bouillir cela : *touma tireké ihmomoti you ahé*.

Brise cette flèche : I, *toupkelé chine piréou amoré !*

Je briserai ta marmite, I, *you nissa toupkelé amoré touroua*.

Brûler, I, *eouaou-quelé*.

Brûler un mort, *téhéouarou-naye, téhéouahé*.

Brûlez-moi quand je serai mort : *térémopsé aptaou éhérouaroura*.

Brûler l'abatis, *ioucaye, i-toupi-naye toucaye*.

Camper, I, *ticomamhé*.

Canoter, *canoua-iawe lekèn toutèye*.

Casser — J'ai cassé mon sabre, *you maria tépoucaye*.

Il ne cassera pas, *épouca-ora*.

Je me suis cassé le tibia, *you achirétpeu toupkelèye*.

La marmite est cassée, *oha tacouricaye*.

Casser un fil, une corde : *tépétsé*.

Causer, I, *ouara-ouara-mé*.

Viens causer avec moi : *ouaraouarame-mé y-akéré*.

Chanter, I, *touaye, ayopé*.

Je chante, *uénecar you*.

Ils chantent, *té-uénecare mane*.

Je sais chanter, *ticaye you*. Je ne sais pas, *ca-ora you*.

Chanter (les oiseaux), *étapo mouiran*.

Chanter (le coq), *i-étapomhé*.

Charger un fusil, une pipe : *t-aripté-mé*.

Chasser, *ioti t-oupicé, ioti t-ouéye ;* I, *itoutaoue*.

Je ne chasse qu'avec des chiens, *iote oupicé you yéki oualé*.

Mon chien chasse bien le Pakira, *ieki mane pakira- poc apoye*.

Chasser, expulser : *saléye*.

Chatouiller, *t-énigmaye ;* I, *y-ènemeu*.

Chauffer, *técouimaye*.

Se chauffer au soleil, *chichi ipikéye*.

Chavirer, couler à fond, se noyer ; *t-émomhé*.

Chercher, *t-oupicé ;* I, *t-oupihé, oupi-té-kéré*.

— 49 —

Coïter, I, *sourou-poc, téhéqué, mohiqué.*
Comprendre, I, *té-panangma-tsé, panangmare.*
Comprends-tu? I, *soucouti amoré?*
Comprends-tu : *t-énéiyan?*
Connaître, I, *tiouencalé.*
Connais-tu ton chemin : *a-héma-ca n-énéa?*
Je ne le connais pas, *héma n-éné-ora ouaye.*
Coudre, I, *tihitpé.*
Couler, *t-ariptèye.*
Couper, I, *aket tikéré, etiéqué.*
Couper les arbres de l'abatis, *i-toupi t-ékétsé.*
Couper une liane, *cihnat t-épétsé.*
Couper le taillis, *i-toupi t-atcaye.*
Couper les cheveux avec des ciseaux, *érachi-ké coupouhké.*
Couper les arbres morts pour faire du bois à brûler, *ouapo-rahcone toupkelèye; ouaporacounipkelèye.*
Couper bien, *n-épchac.*
Courir, *achimehac tééraéramaye ; ahemhap.*
Couver, *touemkéré.*
Couvrir une case, *t-aré-maye.*
Cracher le sang, *mouéou tarecaye.*
Crier, I, *itapamhé.*
Cuisiner, I, *touma hétek tiké.*
Danser, *touaye; I, ouatéquelé.*
Danser pour la fustigation, *couroua-touaye.*
Danser avec les plumes, *ihpoca-toudye.*
Danser la nuit, *coco-touaye, coco-monué.*
Déchirer, *tiahcaye.*
Demander, *caïké-repa éya; I, caïquéré.*
Demeurer, I, *sipona, boucané, moyélé tousoulé.*
Je vais demeurer quelque temps chez toi, *talé moué akéré tousoulé-psic.*
Désamarrer, I, *chicaye.*
Descendre une montagne, I, *tek.*
Dessiner, *timirikhé ; I, tipéatsé*

4

Détacher, *toacaye.*

Détester, *toaké-ora* ; I, *emacpé-ola.*

Devoir quelque chose, I, *moqueré iné itiaye.*

Dire, I, *emeucqueré caïqué tikeré.*

Le tamouchi a dit, I, *tamouchi omile.*

Qu'est-ce que tu dis? *enic ticaye ?*

Dis-je, dit-il : *ticaye.*

Dire la vérité, I, *ayopé-ola.*

Se disputer, I, *carachimeu.*

Donner, I, *équéré-keu.*

Je te donne des perles, I, *cachourou you chiri amoré.*

Je te donnerai un sabre, I, *couchi sapa chiri you amoli-ta.*

Donne-lui un hameçon, I, *oca amoré chiri inéré!*

Que te donnerai-je? I, *enic you chiri amoli-ta.*

Je te donnerai un hamac, *t-apécatsé étar-yan.*

Je te donne un sabre, *t-apécatsé sapa ouya.*

Je te donnerai un sabre demain, *anoumalé sapa épécat-iaye.*

Je ne te donne pas mon hamac, *you état en-épécaté-ora you.*

Dormir, *t-iniksé ;* I, *t-inicksé, pipsac.*

Je dors, I, *t-inicksé you.*

J'ai dormi, I, *t-inicksé aouempo you.*

Je dormirai, *couchi t-inicksé you.*

Je dormais, *t-iniksé you yane.*

Je m'endors, *t-inik-poye.*

Bonsoir ! *t-iniksé.* On répond : *na t-iniksé.*

Éclairer, *iyéi-peuc.*

Écorcer, écorcher : *tépicaye;* I, *epi-ca-queré.*

Écouter, *cou-panangména;* I, *panamirica tikéré.*

Écraser du sel, *saoutou tacouricaye.*

Écrire, *timirikhé.*

S'égarer dans la forêt, *toutatsé.*

Enduire de rocou, I, *onot-poc.* S'enduire, *té-ot-ano-pehé.*

Enivrer la rivière, I, *salisali-poc.*

Enivrer les poissons, *iote t-émomhé halihali-ké.*

Allons enivrer la rivière : *halihali-poc outéayę!*

Enivrer quelqu'un, I, *enéptémoye.*

Enlever, ôter, emporter : *are-k, aré-ke-ré, oupap-keu ;* I, *are-queré.*

Enlève les assiettes ; *marapi are-k !*

Enlève ces épluchures d'ignames : *napeuk pitpé oupap-keu !*

Entendre, I, *aouap tiken.* J'ai entendu, I, *sétaye.*

Entends-tu : *ti-panangmaye-ca amoré?*

J'entends des agamis, *mamhali ti-panangmaye iya.*

Enterrer, *timataye.*

Essuyer, *ticoroye.*

Éteindre le feu, *t-épouicaye;* I, *ipica-queré ouapot.*

Éternuer, *tacsiroumé.*

Être en érection, *toualimé.*

Faire, I, *eria, t-iri-kélé.*

Je fais un hamac, I, *etat chicapoui you.*

Je ferai une maison, I, *couchi you chicapoui pacolo.*

Que fais-tu ? I, *népo chicapoui?*

Ne le fais pas : *chicapoui oua !*

Je veux faire une maison, I, *pacolo aket icè you.*

Faire une marmite, *oha ticapehé.*

Faire un hamac, *état ticapsé.*

Fais-le toi-même : *técap-keu moué.*

Ma femme fait un hamac, *état ticapsé i-pouit iya.*

Cette femme fait beaucoup de hamacs, *chine oli colé état cap-ya.*

Faire un cadeau, I, *téparemé.*

Faire des chemises : *chemisa t-ihé.*

Sais-tu faire des chemises : *chemisa-ca t-ihé oya ipoc ?*

Les femmes font beaucoup de cachiri, *oli colé cachiri t-ihé.*

Je fais un canot, *canaoua tégueré you.*

Faire du couac, *couaké-naye taïhé.*

Les femmes font beaucoup de cassave, *oli ourou na tékeuhé.*

Je fais beaucoup de flèches, *colé piréou t-arépté oya.*

Faire du feu sous le hamac, *yépicaye.*

Faire la guerre, *ticayemotaye.*

Faire des hameçons, *tépoupouctaye oca.*

Qu'est-ce qui te fait mal : *enic tarayeri ?*

Le pied me fait mal, *i-poupouré étoumhac.*

C'est une grande fille, maintenant elle fait des enfants ; *oli pepta-mche malé, chimalélé té-moumou-ctaye.*

Mes poules ne font pas de petits, *you mane courachi i-peïnoum-ta-ora.*

Ne fais pas cela : *chine n-en-eupou-ira moué !*

Fendre le bois, *tohioye, tiahcaye ;* I, *issahcap.*

Filer le coton, *técoumhé;* I, *ticomhet.*

Finir, *t-énatsé;* I, *maca, énat, aouempo.*

Mon travail est fini, *i-manine t-énatsé.*

Le tabac est fini, *t-énatsé tamoui.*

Finir de faire, *técapoui-nemaye.*

Finir de manger, *téotoukhé-pomoye.*

J'ai fini de manger, *ouétouhkép.*

Finir de travailler, *namaticaye.*

Finir (la chandelle), *nénawe.*

Flécher, *oué pirou-ké, piréou-ké téorouèye;* I, *piréou-poc, s-ouèye.*

Flotter, *égrohepo.*

Fouetter, I, *coupilaye, poupiraye.*

Frapper avec un bâton, I, *toumoye.*

Se frayer un chemin, I, *moquela hélé tiquelé.*

Frotter, *tiakhé.*

Fumer (le feu), *alisouia-poc.*

Fumer du tabac, *poulipoulip ;* I, *tamoui iriké tiké, tamoui-poc*

Je fume, I, *you tamoui-poc.*

Il fume, I, *inéré tamoui-poc.*

Nous fumons, 1, *calina parachichi malé tamoui-poc.*

Vous fumez, I, *amou malé amoré tamoui-poc.*

Ils fument, I, *calina tamoui-poc.*

Geindre, *téhoméire.*

Glisser, *hèraéticaye;* I, *ségraye.*

Graisser, *écatpaye.*

Grandir, *téotéramoye, téotehé.*

Gratter, *tipongueretsé*.

Gravir une montagne, *ipouih-ta toutèye*; I, *ta-nissa*.

Grimper, I, *héto*.

Guérir, traiter, I, *piti-poc*.

Hâler un canot dans un saut, *tépérétsé*.

Se heurter, *téécoupehé, téhécoupoécaye*.

Ignorer, *en-éné-ora*.

Imiter, appeler un animal : *épaké*.

Japper, *ohoneca ohomounkeu* (un petit chien), *chicaïkeu* (quand le chien entend un gibier).

Jeter, I, *chinaye*.

Jeter l'eau du canot, *canaoua t-ariouaye*.

Jeter l'eau de la marmite, *icanmké*.

Jouer de la flûte en canot, I, *péoupéou*.

Laisser, quitter : *t-arimaye;* I, *chimaye*.

Laisser en arrière, oublier : *tinamoye*.

Lasser, I, *anomsac-poc*.

Laver, I, *acourata*.

Se lever, *té-ot-anemomoye*.

Se lever le matin, *ténéptèye*.

Manger. — Je mange, *téhé iya*.

J'ai mangé, *téhé ya oupac, téhé-ca ouyac oupac*.

Je mangerai, *tinéré-péhéré téhé iya*.

Mange cela : *chine-ca téhé iya!*

Qu'y a-t-il à manger : *énic téhé molo ouya?*

Je mange cela, *chine téhé ouya*.

Manges-tu du caïman : *ariué-ca téhé oya?*

Je mange, I, *soné you*. J'ai mangé, I, *soné aouempo you*.

Je mangerai, I, *couchi soné you*.

Mange cela, I, *soné chine!*

Manges-tu du caïman, I, *aloué soné?*

As-tu mangé : *t-étoukhé ca amoré?*

Je veux manger, *étoukou-hé you*.

Il n'a pas mangé, *atoukou-hé-ora mane*.

Tu ne manges pas : *in-eutouk iya-ca*.

Je mangerai volontiers, *ténépsé aptaou touki-aye.*
J'ai mangé ce matin, *coco-psic atouki-aye.*
Manges-tu des papayes : *coumaou-ca t-émèye?*
J'en mange parfaitement, *téotoukhé-poura, téotouk-hé-rémné.*
Manquer un gibier, *takihé;* I, *takéhé.*
Marcher, *tééraéramaye.*
Mentir, *ahpé;* I, *apké-manaye.*
Je ne ments pas, *ahpé-ora you.*
Mettre ; I, *onanatik, onanaléta.*
J'ai mis ici la cassave, *ourou you onanatik talé.*
Mettre les cendres d'un mort dans un pot, *érouétpeu oha-iac ténémaye.*
Mets mon hamac ici : *i-etat talé.*
Monter, I, *ténouksé, oouo* (une montagne).
Mordre, I, *yetsé, sacanca-ola.*
Il m'a mordu, I, *inéré you yetsé.*
Ces chiens mordent, I, *chine caïcoui yetsé.*
Un chien m'a mordu, *caïcoui yatéhé you.*
L'enfant a mordu (sa mère), *cami atehéye.*
Ces chiens ne mordent pas, *chine caïcoui té-ora.*
Moucher, *ouine;* I, *ouine-caïqué.*
Mourir, *térémopsé, téramoye ;* I, *tiromoye.*
Il est mort, *térémopsé mohé.*
Il ne mourra pas, *térémopsé-ora, iromé ra chimalélé.*
Il est mort, I, *natati.*
Un peu plus j'étais mort, *apsic natati oua you.*
Nager, *soumsoum;* I, *pirara.*
Se noyer, I, *touna ouaou, toumoumhé.*
Oublier, I, *tépamhé.*
Pagayer, *apoucouita-peuc ;* I, *siocoro-siocoro, caïqué coure, yarita.*
J'ai pagayé avec les nègres, *mécoro akéré apocouita malé you.*
Pagayer droit devant, *hapom toutèye.*
Pagayer pour virer, *canaoua téérémaye.*
Je pagaye, I, *siocoro you.*

Parler, *omili-peuc, omili-poc ; I, omile.*

Partir, I, *tinamoye; ité, etaïtéaye.*

Demain je pars, I, *anoumalélé toutéaé.*

Il est parti devant, *touté-mé akinamé, tekatsé toutèye.*

Il n'est pas ici, il y a longtemps qu'il est parti : *talé-ora oupac toutèye étaïtiaye.*

Il est parti, je ne sais pas où il est allé : *tékatsé n-ite-m n-éné-ora you.*

Les nègres sont partis hier, *coco-né n-itéï-mane mécoro.*

Partons : *ahi ! aï !*

Payer, I, *epetpima-queré.*

Il m'a payé : *épetpeumé t-épékatsé.*

T'a-t-il payé : *éti épétpeuhmé?*

Pêcher, *ioti toupicé oca malé, ioti t-oupicé touna-iawe;* I, *ca-oupihé.*

Tu vas pêcher, I, *ca-oupi-ha amoré nissa.*

Perdre, I, *itatsé.*

Piayer, *toumaye;* I, *piaye-poc.*

Piler, *topoye.*

Piquer, *téotamoptèye;* I, *aloumma-quéré.*

Piquer, sucer, boire : *t-arihé.*

Planter, *tipomoye, tépouimoye.*

Je veux planter du tabac dans mon abatis, *tamoui étépouimoye i-toupi-nac.*

J'ai planté du manioc, I, *yapine aloumma-quéré you.*

Pleurer, *taohamoye, tipocoïhé* (un enfant); I, *tohayamoye.*

Pleuvoir, *copeu timocsé, coponemeuk;* I, *copo ipocaye, copo-ké.*

Il pleut à verse, *copo-mé ahpoye.*

Il va pleuvoir encore longtemps, *copo tousoulé-psic.*

Plumer, *t-ihpo-caye;* I, *ipo-ca-queré.*

Porter — Porte ce bois : *chine uéué t-éréye !*

Je porterai des chiens aux nègres, *tinéré caïcoui t-éréye mécorohtawe.*

J'ai porté des hamacs chez les nègres, *oupac mécoro patare état t-élèye !*

Porte mon sac : *saki n-are-k, saki énép-ta!*

Porte la hotte : *catari i-mota-raïré!*

Porter, I, *ale-k., s-aré-ye.*

Se porter — Je me porte bien, *ouamé you.*

Pourrir, *timataye.*

Pousser, sortir de terre : *tamitaye.*

Prends un sabre : *sapa t-éréye!*

Allons prendre des poissons : *caa touhmi-peuk outéaye!*

Prendre, *apoï-keu ; I, apoïké, apoï-ke-lé.*

Préparer, I, *étouctoumé.*

Prêter, *t-épécatsé apsic.*

Prête-moi ton couteau : *maria chiri apsic lekèn!*

Promener, *toutèye toutèye lekén.*

Promettre, I, *oupac manikalé ikale.*

Quereller, I, *achiqualémé.*

Ramasser, I, *amichquéré.*

Ramasser des fruits, *t-amiksé.*

Ramasser des perles, *t-amikémoye.*

Raper, *tékehé simali malé ; I, tikiqueré.*

Se raser, *maouahaké-tékehé.*

Rassasier, I, *iamé.* Je suis rassasié, I, *tolouhé.*

Refuser, *iché-ora, épécatsé-ora; I, en-éhé-laouaye.*

Regarde-moi : *tépalémé you amoré!*

Se remplir *téétoupké* (un canot).

Renverser la marmite, *téétocpaye.*

Renverser un coui, *técamhé.*

Se reposer, I, *touenkeré.*

Rester tranquille, I, *sipocoiné.*

Retourner en arrière, I, *pialère.*

S'en retourner, *t-éramaye ; I, outé ahé tihoulé émopola.*

Je retourne à mon village, *téramaye i-pata-we.*

Tu t'en es retourné, *molo-ca-po téramaye amoré.*

Je retourne à Marouini, I, *tinamoye Marouini-po.*

Je suis retourné de Cottica, I, *natapoui Cottica-po.*

Je reviendrai bientôt, *tinéré timocsé you.*

Rêver, *yenicpoye* ; I, *tohecsé, oualélé*.

Réussir, I, *ouamapheu*.

Rire, être content : *taoaké;* I, *toaké iké*.

Ronfler, *acacanancaca*.

Roter *tiouénataye;* I, *eoua*.

Rôtir, *ipourouké;* I, *apokéré*.

Va faire rôtir le hocco, I, *oouoc apokéré nissa !*

Rouler de la pite sur ses genoux pour faire une corde, *couroua-youat hétécoumé*.

Rouler (se dit d'un canot) *toayetoaye*.

Saigner, *tipapouétsé*.

Saigner du nez, *yemnara-éméou*.

Saler, *saoutou tiké*.

Savoir, *ténéïca;* I, *ouencata*.

Je ne sais pas, I, *kéréman*.

Secouer un arbre, *soosoo*.

Sécher, *toumnaïcaye*.

Semer, *tépounomaye*.

Sentir (verbe transitif), *tipocsé*.

Sens-tu : *tipocsé-ca moué?* Je le sens : *tipocsé iya*.

Sentir bon, *tiponguené pétoucoure;* I, *ipopsac*.

La fleur du papayer sent bon, *coumaou écoure pétoucouré ipokine*.

Sentir mauvais, *tiponguené, timoc;* I, *aïmata*.

Cela ne sent pas, *tiponguené-ora*.

Qu'est-ce qui pue, *énic-né timoc?*

Serrer (avec une corde), *takipsé tétamché;* I, *émoumkelé itoumac-queré momqueré ohamna*.

Sommeiller, *t-énic-po;* I, *enic-po-éhé*.

Sommeiller à demi, I, *térémacsé*.

Sortir, I, *ekirimac, aléta tikeré*.

Il est sorti, I, *séye*.

Tacher, *mélémélé*.

Tenir ferme, *caïkémaye anoumhaken*.

Tirer de l'arc, *toupticaye; I, sapoumé, yopcatèk*.

Tirer un fusil, *aracabousa témamhé;* I, *ouétékelé; ouéték.*

Tomber, *té-épouricaye;* I, *epoucaye.*

Tonner, *tarara témamamhé.*

Toucher sur une roche (un canot), *touroupehé, toupké.*

Tousser, *tohtoto-ticaye.*

Travailler, *tamaminé.*

Je travaille à mon abatis, *i-toupi-peuc támaminé you.*

Tu travailleras demain: *anoumalélé tamaminé moué, anou-malélé maminoum-keu.*

Je ne travaille pas aujourd'hui, *tamaminé-ora chimalélé.*

Travailler à l'abatis, *imoponan.*

Trembler, *tétataroumhé;* I, *piripire.*

Tromper, I, *yonomné.*

Trouver, I, *anoumahé.*

Tuer, *t-oué-ye, oué;* I, *s-ouè-ye, o-mokéré, coudoué.*

Tu as tué le hocco, *e-oouoc-oué?*

Je ne l'ai pas tué, *en-oué-ora ihaye.*

Qu'a-t-il-tué : I, *eniç s-ouè-ye?*

J'ai tué un hocco seulement, *ti-moksé you oouoc aouini lekén.*¹

Uriner, *chictaye;* I, *chicateu.*

Ne pas uriner, I, *chicta-ora.*

Vendre, I, *chapoui, tikaléké pékat.*

Je vendrai des hamacs. I, *etati chapoui you couchi.*

Venir, *momoc, moké;* I, *moguérééné, nompoui, meukeu.*

Je suis venu, *momo-ya-ca.*

Pourquoi n'es-tu pas venu : *trachiké an moké-ora?*

Viens aveç moi : *mohca yakéré!*

Viens manger : *meuhkeu t-étouk-nét!*

Viens travailler : *mohca-tanénan tamami nétan!*

Tu ne viens pas manger : *meutoukiya-ca?*

Autrefois des Opourouis sont venus chez moi, *oupac couné-meuk i-patare oupouroui.*

Viens voir, I, *nompoui s-éné!*

Je suis venu. I, *nompoui you.*

Bonjour (en arrivant), I, *emoca.*

Allons, viens! *ahiment, meukeu !*

Viens un peu ici : *meukeu pité talé.*

Vivre, I, *mokeré énépounacane.*

Voir, *t-énèye;* I, *s-éné.*

As-tu vu Anato : *Anato t-enéye?*

Je ne l'ai pas vu : *en-éné-ora you.*

Viens voir ceci : *meuhkeu chine éni-keut!*

Je verrai bientôt le village des nègres, *tinéré-pchéré mécoro patare t-éné iya.*

Qu'as-tu vu en chemin : *énic m-éné héma-tawe?*

Vois, regarde cela : *chine-ca t-éné aoya!*

Je vois une piste, I, *s-éné papourou.*

Je ne vois pas le chemin, I, *s-éné oua oma.*

Voler dans l'air, *poṅmponm;* I, *péléouéou.*

Voler, dérober : *téminé;* I, *téméné.*

Vomir, *tiounénataye.*

Vouloir, *ihé, icé, iché, hé.*

Que veux-tu ? *enic iché?*

Je ne veux pas, I, *iché oua.; icé-ora.*

Voyager, I, *touté-touté.*

Au commencement de l'été il fait bon voyager, I, *kerinkerin toutey-toutey iroupa.*

APARAÏ

—

Ciel, *capou.*

Vent, *tououm-cané.*

Soleil, *chichi.*

Aube, *taomécé.* Lever du soleil : *chichi notoouta-nan.*

Matin, *pacaïman.* Midi : *tanchiato.*

Le soir, *sinoucoutoumé.*

Coucher du soleil, *chichi técomaacé.*

A l'ombre, *youzinonoupiri.*

Lune, *nounan.*

Peu de lune, *nounan petiken.*

Pleine lune, *zoumomé.*

Étoile, *siricouato.* Petites étoiles : *pissarara.*

Vénus, *muparoucaoua.*

Été, *téaïmaacé.*

Hiver, *conopo-mé. té-conopo-tacé.*

Pluie, *conopo.* Froid : *achiranaaca.*

Fraîcheur, *caachikéné.*

Il y a des éclairs, *néné-cane, tacaora-cané.*

Tonnerre, *conomérou.*

Terre, sol : *ouaaco.*

Poussière, *itoupépé.* Roche : *topou.*

Or, argent, *caracouli.*

Savane, *ona.*

Montagne, *époui.* Forêt : *itoutaoua.*
Eau, *touna.*
Sel, *saoutou.* Lac : *iconoupó.*
Marais, *pouripouri-mé, icouri pato.*
Vase, *icouré pata.*
Crique, *touna-polireu, i-polireu.*
Grande rivière, *i-polireu-romo, parana.*
Source, *i-poliri nateri.*
En amont, *nikéapoye.*
En aval, *acourinaca.* Confluent : *étaou.*
Fort courant, *touna poutounou.*
Saut, *soo-cané.* Ile : *amonta.*
Dégrad, *atiri ca-topo.*
Feu, *apoto.* Cendres : *arounan.*
Fumée, *apot-échine, oréciinto.*

2° HOMME, FAMILLE, VIE SOCIALE, ETC.

Homme, *aroutoua, noopo.*
Nourrisson, *i-moumcourou.*
Petit garçon, *poïto.* Jeune : *poïto-mé.*
Vieux, *tanmbo-mé.*
Époux, *nio.* Épouse : *é-pouiti.*
Père, *papa.* Mère : *mama, aya.*
Grand-mère, *mama.*
Les enfants, *ou-peïnomon.*
Enfant, fils : *ou-moumcourou, ou-moumourou.*
Mon fils, *apa-moumourou.*
Fille, *ou-moumcourou-moumcourou.*
Frère, *zacorané.* Sœur : *ouaréchiré.*
Oncle paternel, *papa-corané.*
Oncle maternel, *éo.* Cousin : *cono.*
Tante, *y-acoran-pouiti.*
Ami, camarade : *i-paanari, yépé.*

Village, *i-patari.*

Village récent, *sérémato séré-toupi.*

Village abandonné, *touroumécare patare.*

Chemin, sentier : *océma.*

Apalaï, *aparaï.* Roucouyenne : *ayana.*

Oupouroui, *oupouroui.* Nègre : *meicoro.*

Brésilien, *carayoua.*

Chef de village, *tanonbo, tanmbo, tambo.*

Femme du chef, *tambo-pouiti.*

Dieux, *yoloco, couroumou, mopo.*

Sorcier, *pouiacie.*

Médecin, *orémiamé manan.*

Remède, *i-épiti.*

Tombe, *tonéécu.*

Langage, *omiré.*

Danse, *ouaacacé.*

3° PARTIES DU CORPS, MALADIES

Corps, *ou-pouman.*

Peau, *o-piipouri.* Graisse : *écacéré.*

Os, *ézéépouiri.* Sang : *mounou.*

Veines, *o-mitic.* Pouls : *yacérémari.*

Tête, *yépououpouré.*

Crâne, *érétapikéné.* Cervelle : *ioussa-courou.*

Cheveux, *yonizéteu.* Visage : *tounaacoutécé.*

Front, *ou-péreu.* Tempes : *ou-panan-mocourou.*

Œil, *yénourou.* Paupière : *yee-piipouri.*

Cils, *yéaci épotire.*

Nez, *yéounari.* Narines : *yéounare éoutari.*

Pommettes, *yepaba-pounou.*

Oreilles: *i-panare.*

Bouche, *pota-piipouri.* Lèvres : *é-pota-piépouri.*

Langue, *ou-nourou.* Dents : *jereu.*

Menton, *eoupitari.* Barbe : *y-eti-potire,*
Gorge, cou : *y-écénari.*
Épaules, *é-motari.*
Bras, *y-apore.* Coude : *y-aporé-ciri.*
Poignet, *y-émécounou.*
Main, *y-émari.* Main droite : *y-apétoumourou.*
Main gauche, *i-pozé-reu.*
Pouce, *y-émari-roumoui.*
Index, *y-émari-remou-caponato..*
Doigt majeur, *i-raanari.*
Doigt annulaire, *i-moumcourou.*
Petit doigt, *étiipouiri.*
Poitrine, *y-éré-pitari, y-éano.*
Mamelles, *é-manatiri.*
Côtes, *y-oropari.* Cœur : *y-érécétoumourou.*
Ventre, *iouacourou.* Nombril : *i-ponourou.*
Foie, *éréri.*
Colonne vertébrale, *oupari.*
Hanches, *y-écounari.*
Cuisse, *i-piti.* Gras de la cuisse : *i-péé-pounou.*
Genou, *y-écécomourou.*
Tibia, *ou-achir-été épouri.*
Mollet, *ou-achi-pounou.*
Cheville, *oupouracounou.*
Pied, *o-poupourou.*
Talon, *épouiratapourou.*
Orteils, *i-peïnamon.*
Le gros orteil, *o-poupoure-ouroumoin.*
Plante du pied, *o-poupourou-rari.*
Écorchure, *mouritanon.*
Rhume, *machi.*

4º ALIMENTATION, HABITATION, USTENSILES, ETC.

Corde de l'hameçon, *oki arire.*
Canot, pirogue, *caanari.*
Grande pirogue, *canaoua conooto.*
Petite pirogue, *canaoua petiken.*
Pagaie, *ou-apoui-étané.*
Abatis, *ou-toupi.*
Vivres, *émiken.*
Manioc, cassave : *ouei.*
Farine de manioc, *cayama*
Bouillie de couac, *tacaca.* Tapioca: *imauré.*
Boissons, *y-acoure eniiken.* Omani: *acon.*
Cachiri, *cachiri.* Chacola: *sacora.*
Cachiri de bananes, *parourauime écourou.*
Cachiri d'ignames, *mapeuché écourou.*
Cachiri de maïs, *achinacé ´écourou.*
Cachiri de tapioca, *imauré écourou.*
Maison, *tapouie.* Blanc: *apoto.*
Balai, *sapi.*
Bois à brûler, *apoto-pocoué.*
Souffle-feu, *anapamou.*
Boucan, *mata.* Flambeau : *aritou.*
Apporte un flambeau, *aritou éné-keu.*
Marmite, *aripo.* Marmite en fer, *couriméné.*
Bouillon, *cachiri.* Platine: *orinato.*
Assiette, *paratou.* Tamis: *manaré.*
Mortier, *aco.* Pilon: *aco-aïné.*
Calebasse, *cassana.* Vase à boire: *caroua.*
Panier, *ourouto.* Hotte : *catari.*
Corde, *ari.* Nœud : *témouaricé.*
Calembé, *camisa.* Tangue : *apoméléné.*
Hamac, *atouato.* Ceinture, *amariari.*
Jarretière, *maroune.*

— 65 —

Arc, *takeu.* Mon arc : *e-takeu-né.*
Corde d'arc, *taka miti.*
Flèche, *piraou.* Ma flèche : *i-pouire.*
Pierre à aiguiser, *saïpé.*
Petite couronne de plumes, *parimanan.*
Grande couronne de plumes, *aroco.*
Tacari, *mara.* Flûte, *taulicoca.*
Tabac, *tamouamatari.* Cigare : *tamoui.*
Pipe, *tamachima-topo.*

5⁰ MARCHANDISES EUROPÉENNES

Aiguille, *yaoui.* Bague : *omataonon.*
Bouton, *pita.* Camisa : *camisa.*
Capsules, *sipourita.* Ciseaux : *yaapi.*
Clé, *pouramaca-topo.* Clochette : *sampana.*
Clou, *pérencou.* Couteau : *ourato.*
Manche du couteau, *ouratépourou.*
Fusil, *mocaoua.* Hache : *ouioui.*
Hameçon, *oca.* Houe : *coé.*
Malle, *pacara.* Marchandises : *maoucoumali.*
Miroir, *oç-éné.* Munitions : *alili.*
Peigne long, *mocanon.*
Peigne court, *acourinian petiken.*
Perles, *cachourou.* Plomb : *choumbo.*
Poudre, *couroupara.* Sabre : *tapéman.*
Soulier, *sapatou.* Tafia : *cachaça.*

6⁰ QUADRUPÈDES

Mâle, *aroutoua.* Femelle : *moopo.*
Gibier, *iote.* Petits : *mouncourou.*
Poil, *iipoté.* Queue : *arikeré.*

5

Piste, *pouta.*

Agouti, *acouli.* Aï : *aï.*

Biche, *capaou.* Cabiaï : *capiara.*

Chien, *ouékerire.* Cochon : *pégnékeu.*

Couata, *alimi.* Loutre : *aouaoua.*

Macaque, *mécou.* Pac : *coulimao.*

Paquira, *pakira.* Sarigue : *mounou.*

Singe rouge, *araata.* Tamanoir : *marichiiman.*

Tapir, *macipouri.* Tatou : *capou.*

Tigre, *caïcouchi.*

7° OISEAUX

Œuf, *imon.* Nid : *toumo-po-manare.*

Agami, *mamsali.* Aigle : *piano, ourarai.*

Ara, *arara.* Atoura : *atoura.*

Canard, *oropono.* Cancan : *caraou.*

Caouanare, *couraria.* Charpentier : *étou.*

Chauve-souris, *coupépi.*

Coq, *couratiri aroutoua.* Poule : *couratiri-pouti.*

Coq de roche, *péou.*

Connoro, *kinoro.* Couyari : *gourary.*

Corocoro, *poroporo.* Hocco : *aouoco.*

Maraye, *acaaca.* Onoré : *onoré.*

Pagani, *aantarou.* Perdrix : *poono.*

Perroquets, *couricoura, paraoua.*

Ramier, *aramichi.*

Toucans, *caaconé, couriman.*

Urubu, *aouira.*

8° POISSONS, MOLLUSQUES

Poisson, *cana.* Petits poissons : *cana pissaroua.*

Il n'y a pas de poissons, *cana pouira.*

Aymara, *aymara.* Coumarou : *pacou.*
Cuirassier, *arapa.* Gymnote : *arimina.*
Raie, *sipari.* Souroubi : *souroui.*
Torossi, *pirati.* Toucounare : *toucounare.*
Toucouchy, *pira-poucou.*

9° REPTILES, BATRACIENS

Caïmans, *zacaré, courou-rouimo.*

10° INSECTES

Abeille, *apoto-amou.* Miel : *ano.*
Chique, *courikeu.* Fourmi : *ménouri.*
Guêpes, *ocomo, tomacémoué, alama.*
Maringouin, *massaco.*
Papillons, *mapetékéré, panama.*
Piaô, *mopeu.* Pou : *alamo.*
Ravet, *coumami.* Tique : *carimotoco.*
Ver macaque, *chicoroké.*
Vers de palmier, *iripé, socoé.*

11° ARBRES

Arbre, *ouéoué.* Pied d'arbre : *ouéoué zoco.*
Racines, *ouéoué miti.* Écorce : *ouéoué-epiépori.*
Branches, *ouéoué-poliri.*
Feuilles, *ouéoué-ari, itou-ari.*
Fleur, *ouéoué-courou, itou-écourou.*
Graines, *itou-alira.*
Acajou, *apoupali.*
Pied d'acajou à fruits, *oroci zoco.*

Aroùara, *zaara*. Bâche : *ouaï*.
Cacaotier, *arapourou*. Caumou : *aïriki*.
Encens, *azaoua*. Génipa : *couroupeu*.
Graine de Génipa, *couroupeu-péreu*.
Huile de carapa, *carapa-né*.
Mani, *mani*. Mombin : *mompé*.
Pinot, *apou*.
Arbres divers, *maripa, parata, toutouka*.

12° ARBUSTES, PLANTES

Arrouman, *arouman, ouaroumané*.
Balourou, *parou;* sa feuille : *parou-rari*.
Bois canon, *coulépié, étacourané*.
Canne à sucre, *acicarou*.
Cotonnier, *maourou zoco*.
Herbe, *opoti*. Igname : *naopo*.
Lianes, *cicinato, alisali*.
Maïs, *ochinacé*. Patate : *napi*.
Pite, *iraoua*. Roucouyer : *onooto zoco*.
Pied de tabac, *tamouamatari zoco.*
Arbustes divers, *coumani, couremouri*.

13° FRUITS

Ananas, *nana*.
Bacove, *si-toumé*. Banane : *parourou*.
Fève tonka, *oonto*. Haricot : *coumata*.
Papaye, *mamaou*. Pomme d'acajou : *orochi*.
Tomate, *counoumici*.

14º NUMÉRATION

Un, *taïro*.
Deux, *assacoro*.
Trois, *assérouao*.
Quatre, *assacoro-pané*.
Cinq, *omamé*.
Six, *ocitoro*.
Sept, *étiipouiri*.
Huit, *maarekéné*.
Neuf, *éméro*.
Vingt, *poupoumé*.

15º PRONOMS

Je, moi : *éoué*. Mon couteau : *i-rato-né*.
Tu, toi : *amoro*. Ton couteau : *o-ra-rato-né*.
Il, lui : *mokéré, mogueré*. Son couteau : *mogueré o-rato-né*.
Ceci, cela : *séné, séé, séré-manan*.
Ce couteau, *sé o-rato-né*.
Comme celui-ci, comme cela : *séro samo, séé samo*.
C'est comme moi, *mararacé*.
Autre, *z-acoro*. Une autre fois : *z-amo-rimé*.
Qu'est-ce que ceci : *éé sené?*
Que veux-tu : *énic cé?*

16º PRÉPOSITIONS.

Dans la malle, *pacara-iawe ou-nacé*.
Dans l'Itany, *Alitani-couae itongacé*.
Sur la malle, *pacara oupareco*.
Sous la malle, *pacara opiné nacé*.

Va avec lui : *étaké marou nacé!*
Avec le couteau, *ourato malo.*
Avec les Brésiliens, *calayoua malé tongacé.*
De la canne avec des tomates, *acicarou malé counoumici.*

17° ADVERBES

Oui, *ataakeroke.*
Non, *aripouira.*
Il n'y a pas de couteaux, *é-rato-pouira sé.*
Pas de tamouchi, *tanmbo cara sé.*
Ici, *taracitacé.* Pas ici : *taracé-pouira sé.*
Loin, *okina-non.* Très loin : *okina manan.*
Près, *okinan-pouira, moï-pouira.*
En haut, *caé.* En bas : *z-opigno.*
Aujourd'hui, *séro-malilé.*
Hier, *coconié.* Avant-hier : *moo-coconié.*
Demain, *cocoro.* Après-demain : *moo-cocoro.*
Autrefois, *paké.* Bientôt : *achinecécé.*
Toujours, *tranenonacétou.*
Vite, *achine.*
Lentement, *achi-pouira, poumaa-mouin.*
Beaucoup, *toukétikeu, tououké, tououké-lekéne, imaïmé.*
Un peu, *touké-pouira, pétikien.*
Combien veux-tu de couteaux : *otat é-rato cé manon?*
Combien de fois dort-on en route : *toucou yéné acema-tawe?*
Où est le chien : *atoco caïcouchi naye?*
Où est le chemin : *atoco séma naye?*

18° ADJECTIFS ET PARTICIPES

Adroit, habile : *coulé.*
Affamé, *tamitépaacé.*
Beau, joli : *coulé.* Pas joli : *po-pouira mana.*

Bien portant, *coulé coulé manan.*

Blanc, *cari-moutoumé.*

Bleu de ciel, *tioulé-moué.*

Bleu foncé, *chiricou mana.*

Bon, *coulé.* Mauvais : *po-pouira.*

Bon à manger, *coulé-racoucou naamain, coulé nacé.* Pas bon à manger : *po-pouira mana.*

Boucané, *caa-pomé* (du poisson).

Bouché, *tapouroucé manan.*

Chaud, *achiné.*

Court, *mouétéécé.* Long : *moça.*

Dûr, *toumporé.* Tendre : *toumpore-pouira manan.*

Épais, *tapouchichimé.*

Fâché, *taatoumochipocé.*

Faux, *ayoopé manan.* Vrai : *ayapé-pouira.*

Fin, menu, petit : *petikene.*

Fort, *yamiemé.* Faible : *yamimé-pouira.*

Grand, *zoumo.* Petit : *zoumo-pouira.*

Gras, *ti-cacéré.* Maigre : *ti-cacéré-pouira.*

Ivre, *taïtéécé.*

Jaune, *araraïmeu opanon.*

Maigre, *i-pou-mouira.*

Malade, *yétounou, coulé-pouira.*

Méchant, *toné, youmochepono.*

Mince, *canancémé.*

Mouillé, *taacicoulé.*

Neuf, *cacinato.*

Noir, *chimicoutoumé.*

Paresseux, *akiimé.*

Pesant. *téémé.* Pas pesant : *téémé-pouira.*

Peureux, *énarémaké.* Pas peureux : *énarémaké-pouira.*

Profond, *tououpiké.* Pas profond : *tououké-pouira.*

Rôti, *tépouroucé.*

Rouge, *chimimé.*

Vieux, *opacato.*

19º VERBES

Abandonner un village, *patouroumécacé*.
Acheter, *t-apécatsé manan*.
Accrocher, suspendre : *imamaco*.
Aiguiser, *aipi-keu*.
Aimer, *taakoué*.
Allaiter, *poïto sousou-poco manan*.
Aller, *taétocé*.
Aller à la selle, *ouicacitocacé*.
Aller vite, *achi-étoko*.
Aller lentement, *achi-epour-étoko*.
Allumer le feu, *ouapoto toucoua-keu*.
Appeler, inviter, *pako*.
Apporte de l'eau : *touna iacoure éné- keu!*
Apporte du manioc, *youré néïkeu!*
Arracher, *taouco*.
Arranger un canot; *apourouta canaoua*.
Arriver, *chiarécé-keu*.
S'asseoir, *touinkési-kieu*.
Attacher le canot, *imouii-keu*.
Attendre, *apaporo*.
Y avoir, *moloto manan*.
Avoir besoin, *içacé*.
J'ai froid, *caochiké-nacé*.
Avoir très froid, *achironocacé*.
Se baigner, *épouicé*.
L'eau baisse, *taapaïcé*.
Battre, *opipo, étapoco* (avec un bâton).
Battre un enfant, un chien : *ipipoco*.
Battre sa femme, *i-pouit i-poponocaçé*.
Blesser un gibier, *acourono*.
Se blesser, *tocono*.

Boire, se rassasier : *taroçacé*.

Bouillir, *emomonono*.

Brûler l'abatis, *i-oupi toucacé manan*.

Casser une marmite, *akouri-kieu*.

Se casser un membre, *ikieuoco*.

Le couteau est cassé, *o-rato tosépoucacé nacé*.

Causer, *s-ékérangacé*.

Chanter, *tuénicaroucacé*.

Le coq chante, *courachi étaago nacé*.

Je ne chante pas, *caracé*.

Chasser, *io apoucouitongacé*.

Chavirer, *imouicon*.

Chercher, *oupi-kieu*. Aller chercher : *oupi-ta*.

Aller chercher des patates, *napi ticanonpikine*.

Comprendre, *ténécéa manan*.

Couper un arbre, *ouéoué acoocon*.

Couper le gros bois de l'abatis, *i-toupi aconocacé*.

Couper le petit bois, *i-toupi paanocacé*.

Couper bien, *taéri-rato-nacé*.

Couvrir une case, *é-tapouy amongacé*.

Beaucoup dansent, *tououké anou manan*.

Les Calinas dansent, *anaouacou manan*.

Demander, *cachikeu ang*.

Dormir, *n-énooco*.

Écouter, *ouétano*.

Écraser du sel, *saoutou apoco.*

Écrire, dessiner : *émiroco*.

S'égarer, *touta acé manan*.

Embarque-toi : *canaoua chikeu!*

Emporte : *aro-ko!*

Enivrer la rivière, *salisali-ké tenko*.

Enlever la peau, *épi-ca-ko*.

Entendre, *étaacacé*.

Faire du bouillon, *cachiri tiriké*.

Faire du cachiri, *téïkeu*.

Faire un canot, *canaoua chikiangacé.*

Faire un chemin, *acéma chicako.*

Faire cuire, *anoco.*

Faire des flèches, *épouira paritongacé.*

Faire la guerre, *ticarimotacé manan.*

Faire un hamac, *atoua ticanédeko.*

Finir, *tonaacé manan.*

J'ai fini de manger, *atouounongacé.*

Flécher un tapir, *machipouri pokétongacé.*

Fumer du tabac, *tamou técimagacé.*

Geindre, *océénongacé.*

Le manioc grandit, *éou orikio.*

Se gratter, *zouriacé.*

Gravir une montagne, *ipoui takétongacé.*

Hâler un canot, *canaoua apoi-kio.*

Ignorer, n'avoir pas vu : *on-éni-pouira-cé.*

Jette l'eau du canot : *canaoua icouan-ko !*

Laisser, *éma-ko.*

Laver, *acouri-kio.*

Manger des ananas, *nana s-éénée.*

Manger de la cassave, *ouéi téikeu.*

Manger du couac, *cayama-ikeu.*

Je mange, *taonsé-ua.*

Je mangerai, *achita s-éénacée.*

J'ai mangé, *taonsé oupaké manan.*

Je veux manger, *étourou çacé.*

Manquer, *toumporé.*

L'eau monte, *técoumacé touna manan.*

Mordre, *tacévacé manan.*

Mourir, *tarisé manan.*

Mourir, *taarisé* (se dit de plusieurs personnes).

S'il meurt, il mourra : *tooricé taman tooricé.*

Nager, *apona-ko.*

Se noyer, *nacouaat-arisé manan.*

Oublier, *taoricé.*

Pagayer, *coïcaci capouita-ké.*

Partons, allons : *éropa!*

Payer. Je veux mon payement : *épéépouri çacè.*

Pleurer, *chitancon manan.*

Pleuvoir, *conopo inocou manan.*

Plumer, *ipo-ca-ko.*

Porter, *t-oro-cé manan.*

Je me porte bien, *coulé you.*

Prends-le : *moïré apoï-keu!*

Se promener, *étongrekéné.*

S'en retourner, *taïramacé-repa manan.*

Rire, *échianacou manan.*

Saler, *zatatirekeu saoutou.*

Sentir (verbe transitif), *ipooko.*

Sentir bon, *tipochiné.*

Sentir mauvais, *tipori manan po-pouira.*

Someiller, *néicnan coumocouré manan.*

Suer, *tanaacoutacé.*

Il tonne, *tarara émiomoco.*

Travailler, *achiné, achikeringacé, seepocacé.*

Tuer, *touongacé.*

Uriner, *sououtagacé.*

Je suis venu, *moïnoro.*

Pourquoi n'es-tu pas venu : *tarécaréca épouira manan?*

Viens avec un sabre : *échiarc sékeu!*

Voir, *éné-no.*

Je veux, *isacé.*

Je ne veux pas, *icé-pouira-cé.*

OYAMPI

Les éléments de ce vocabulaire ont été recueillis au village du Sant Moutouchy, dans l'Oyapok supérieur, durant les mois de mars, avril, mai, juin et août, avec l'assistance de Pierre, fils de Raymond, Indien d'un esprit éveillé et parlant couramment le créole.

1° ÉLÉMENTS

Ciel, *iouae, éyeou, siriké.*

Nuage, *iouancone ;* I, *iouague.*

Le ciel est nuageux, I, *catoutéa.*

Il y a du brouillard sur la montagne, I, *aouitire arou-été.*

Vent. *ouitou,* Grand vent : *ouétou-aye ;* I, *ouétou aïoue.*

Brise, *ouétou mitic, ouétou ni-caci.*

Soleil, *couaraeu, couaraï.*

Aube, *couaraeu aété o-ème;* I, *n-o-ème touèye, touèye, atansing.*

Lever du soleil, *couaraeu o-ème;* I, *couaraï ou-ème.*

Le levant, *miketiip couaraeu o-ème.*

Jour, faire jour : *coème.* Il fait jour : *aété coème.*

Il fera jour, *coème vénicii.*

Il ne fait pas jour, *coèm-ap.*

Matin, *oyiivé;* I, *oyivé, ihivé, iyivé.*

Jour, journée : *ara, ariuo.*

Midi, *amou iketiré.*

Soir, tantôt : *carou, caroume,* I, *pouaihi-catou.*

Coucher du soleil, *couareu o-iké;* I, *ké-catou o-iké.*

Le couchant, *mikétip o-iké.*

Tombée de la nuit, *ipouitoume.*

Nuit, *ipouiae;* I, *ipouitoune, n-o-essae.*

C'est l'heure la plus chaude de la journée, I, *ké couaraï romé
acouc.*

Lune, mois : *yaeu;* I, *yaé, aeu.*

Pas de lune, nouvelle lune : *amou-cagnème, o-cagnème, opap,
n-o-ène touèye.*

A peu près le premier quartier, *ipouitou-moucou.*

Premier quartier, I, *ouaété o-ème.*

Du premier quartier à la pleine lune, *aété ouaou.*

Pleine lune, *yaeu ouaou, ouapouit, yati yaeu.*

Quand on ne voit qu'un mince filet, *i-paca-gne.*

Étoile, *yaeu-tata;* I, *yaé-tata.*

Étoile filante, *yaeu-tata o-at, o-gname.*

Vénus, *yaeu-tata-où;* I, *yaé-tata-où.*

Voie lactée, *tapiire pouipore.*

Poussinière, les Pléiades : *siriké.*

Comète, I, *ancangouère.*

Été, *couaraeu;* I, *couaraheu.*

Commencement de l'été, *couaraeu o-yépouirou.*

Les mois de grande chaleur, I, *mocogne aeu piriahi.*

Chaud, *acouc.*

Très chaud, *acou-acou, acou-aip;* I, *acou ouahi.*

Ici le soleil est chaud, *ké couaraï romé acouc.*

Il fait chaud aujourd'hui, *piriaye angueai.*

Il fait chaud, I, *piriahi hangueai.*

Il fait très sec, I, *hangueai acican'-atou.*

Sec, *acican.* Très sec : *acican-atou.*

La forêt est sèche, I, *ocican-atou cahoure.*

Cours d'eau tari, *acica-cama, ti-pap, né-icoye téancan.*

Hiver, *amanété o-kit, pouiasso.*

L'hiver n'est pas fini, I, *aman o-ki ataté coromo-pi.*

Pluie, *amane.* Pluie fine, rosée : *amanété o-cicit.*

Arc-en-ciel, *paramou;* I, *moyou.*

Humide, *issooun;* I, *amané-sisit.*

Le matin est humide, I, *ihivé amanété-sisité.*

Froid, *inouang,* *é-roï;* I, *inouan, inouan-atou.*

Rouille, *ouépoci.* Il fait froid, I, *é-rohih.*

La nuit est fraîche, *ipouiae inouang.*

Il fait froid le matin, I, *iyivé nouan.*

Le matin il fait froid dans la montagne, I, *ohivé irouang ouitère.*

Le soir il fait frais, I, *pouiahou o-kiyé.*

Il fait très frais, I, *oki-atou.*

A l'ombre, *tapii rapé, tapii rérépoci.*

Éclair, *o-pérap ;* I, *o-véramé.*

Il fait des éclairs, I, *ipiro-catou.*

Le ciel est rouge c'est de l'orage, I, *toupan itaïri.*

L'orage vient sur nous, I, *oyeoui ouétat éni-cotih.*

Il n'y a pas d'orages ici, I, *ni-toupan-yé arouo myon.*

Terre, sol: *ioui ;* I, *euoueu.*

Trou dans la terre, *ioui-couare ;* I, *ipouicogne.*

Sable fin, *icing;* I, *oucing.*

Gros sable, *icing-poou ;* I, *oucing-hou.*

Roche, *tacourou.* Banc de roches, I, *tacourou-catou.*

Pierre, *tacourou-mitic ;* I, *ita.*

Caverne, *tacourou-a-couare.* Grotte : *couare.*

Or, argent: *caracouri.*

Plaine, plat pays : *ioui-pé, itamé, itamé-catou.*

Savane, *saouane.*

Montagne, *ioutire.* Colline : *ioutire mitic.*

Pays montagneux, I, *ioui aourourou.*

Sommet, *mitité yapouitère ;* I, *yapouté.*

Pic, *yanpiran couangne ;* I, *nyancouan.*

Forêt, *caa.* Le sous-bois : *caoure, cahoure.*

Broussailles, *ouira siri-couère ;* I, *co-quouère.*

Eau, *eu ;* I, *heuh.*

Eau salée, *eu ainhain.* Mer : *parana.*

Flot, *eu o-ik.* Jusant : *ouiouit.*

Sel, *saoutou;* I, *saoto.*

Lac, *ipawe;* I, *ipaoue.*

Marais, *pripri.* Vase : *touyoure.*

Argile, *ouyou ;* I, *ouaroupoui.*

Crique, *téancan ;* I, *iara-pé.*

Grande crique ; I, *téancan tourou.*

Rivière, *téancan ; uéhè* (grande rivière).

Le fond de la rivière, *tépoui.*

Affluent de gauche, de droite : I, *kéo, kéoème.*

Source, *téapoui, téapouitoua.*

Région des hauts, *éréapouire ;* I, *keuh éréapoure.*

Où est la source de la rivière : *mlkéti téapoui.*

téancan, réapouire? I, *micateuh heuh éréapoure natipougne?*

En amont, *éapouire kété ;* I, *eapouirre.*

En aval, *mouiae-kété ;* I, *emouia-houé.*

Embouchure, *ti-mouiae ;* I, *mouia.*

Confluent, *o-ita pouipouic;* l, *yacamoé.*

Courant, *ipouitou;* I, *oupouitou.*

Saut, *itou.* Petit saut : *itou mitic.*

Bruit du saut, *yapépou;* I, *souanre.*

Silence, *ouôgné.*

Ile, *paon;* I, *oupanhan.*

Dégrad, *yapourawe, uanemahe, i-kété.*

Feu, *tata.*

Tisons, *tata eeu.*

Charbon, *tata-rapouin ;* I, *tata-rapoin* (braise).

Cendres, *tanimore;* I. *ténémou.*

Flamme, I, *enih, touri.*

Fumée, *atan-sing;* I, *acacing, emouéni.*

Lieu, place : *rénawe.*

Milieu, *moutère, mouiteri-pé.*

Droite, *kéouokitire.*

Gauche, *cocoticotire.*

Couleur, *arapiare.*

2° HOMME, FAMILLE, VIE SOCIALE, ETC.

Homme, *téco.*

Femme, *ouaïmi, ouaïmi-gouère* (femmes); I, *ouaïmi, ouingouèrè.*

Nouveau-né, nourrisson : *pitang, soussouou.*

Tout petit enfant, *ikepouère.*

Garçon de cinq à quinze ans, *counoumi ékeure.*

Garçon de quinze à vingt-cinq ans, *téco-couap aïmogangouap.*

Baby du sexe masculin, I, *yaouirère.*

Petit garçon, I, *téco-rahire.*

Grand garçon, I, *tanhimi.*

Baby du sexe féminin, I, *ouaïmi-aeure.*

Petite fille, I, *tourou missic mahé.*

Fille de cinq à quinze ans, *cougnan-moucou ékeure.*

Grande fillette, I, *tourou.*

Jeune, *caacouap;* I, *ouoouérène yaïre.*

Tu es jeune, *éné caacouap ;* I, *yaïrété.*

Il est jeune, *aoui caacouap;* I, *aoui yaïrété.*

Elle est jeune, *ouaïmi caacouap ;* I, *ouaïmi yaïrété.*

Vieux, *tamo, tamou, tamouci, taïmi.*

Vieille, *saïman.*

Age, *arakiti.* Quel âge a-t-il : *aoua péè arakiti ?*

Il est plus âgé que moi, *taïmi aougne arakiti.*

Il est vieux, I, *aougne, amoucome pooui saïman.*

Elle est vieille, I, *ouaïmi saïman.*

Mariage, *o-ménat.*

Elever une fillette pour en faire sa femme, *o-yé-réco-coupa.*

Mon mari, *é-mène.* Epoux, I, *némène.*

Ma femme, *é-récouare.* Epouse, I, *éré-récouare.*

Veuf, *opa ré-récouare-con ;* I, *é-récouare manon.*

Veuve, *agnanhanti-couère ;* I, *i-mène manon.*

Grand-père, I, *tamouci.*

Grand-mère, I, *saï.*

Grand-père, père : *papa.*
Grand-mère, mère : *maman.*
Père (nom donné à celui qui ne l'est pas), *papa issic.*
Père adoptif, parrain : *é-raïrou ;* I, *é-raïraou.*
Mère adoptive, marraine : *mémouiraou.*
Les père et mère, *to yi ;* I, *too yo.*
Orphelin, *na-icoye too ;* I, *too manon yo manouérine.*
Les enfants, *yaïrère, yaïreté ;* I, *rahire, moumoure.*
Mon fils, *é-raïre ;* I, *é-rahere, ilei, hi yé.*
Ma fille, *é-rayire ;* I, *é-rayere, é-péouare.*
Les enfants de mon fils, *é-rahere, é-rayere.*
Petit-fils, I, *erayère mémoure.*
Les enfants de ma fille, *é-parih.*
Petite-fille, I, *épareu.* Nièce, I, *é-parih.*
Frère, *cacagne ;* I, *cacain.*
Frère aîné, *è-rekire* ; I, *cacain taïmi.*
Jeune frère, *é-momimi, é-miticouère.*
Frère aîné qui a survécu à ses cadets, *iroungouère.*
Sœur, *cougnan.*
Le frère de mon père, *papa rekehire.*
Le frère de ton père, *ené papa momini.*
Le frère de ma mère, *maman érekere.*
Le frère de ta mère, I, *ené maman moni.*
La sœur de mon père, *papa cougnan.*
La sœur de ton père, I, *ené pipi.*
La sœur de ma mère, *maman cougnan.*
La sœur de ta mère, I, *ené pipi.*
Cousin, cousine : *eïnouaou.*
Cousin (terme d'amitié), I, *taïro.*
Cousine, I, *ené mianinan.*
Filleul, filleule, I, *parène, pareine.*
Neveu (terme d'amitié), I ; *couani.*
Le père de ma femme, *paï;* I, *papa rérécouare.*
La mère de ma femme, *pipi ;* I, *maman rérécouare.*
Le frère de ma femme, *taïro, taïrohire.*

Le frère de ta femme, I, *ené tekere*.

La sœur de ma femme, *gnangnan*.

La sœur de ta femme, I, *ené iképoueure*.

Gendre, *couani*.

La famille, *ékéringouére.*

Quelqu'un de la famille, sujet, soldat : *y-ékéringouère-con.*

Ami, camarade, *i-moripa;* I, *i-moroupa.*

Ami, I, *icatouté aoui.*

Les gens, *coupa*. Beaucoup de gens : *yatire coupa.*

Tribu, *amouapame;* I, *renaoue.*

Village, *yatire oca;* I, *imé.*

Ton habitation, *érénawe.* Son habitation : *énawe.*

Mon habitation, *é-rétame.*

Commencement de village, *érécode.*

Village abandonné, *tapérère;* I, *téco-aoumane.*

Chemin, sentier : *pé.*

Oyampi, *oyampi*.

Les autres Indiens, *ainhirou.*

Les blancs, *parainci;* I, *porainhici.*

Les nègres, *mécoro.*

Étranger, *amou-eté*, *amou-come été.*

Chef de tribu, I, *taïrohire.*

Chef de village, *o-yati pouipa kévé coupa.*

Ennemis, *ni-catouye mati;* I, *ni-catouye coupa.*

Guerre, *tocaye;* I, *o-ouic coupa iké.*

Les Indiens font-ils la guerre, I, *caribi o-ouic coupa?*

Maintenant ils ne font pas la guerre, I, *hangueai n-o-ouic coupa.*

Bataille, I, *o-oc yémossang coupa.*

La victoire, I, *o-ye-noupan coupa.*

La défaite, I, *iko.*

Prisonnier, I, *o-pougooc, o-pouong oyéouyé.*

Fuite, évasion : *erayapave.*

Dieu, *yanéyaré, yanémoyngaré ;* I, *toupane.*

Diable, *agnangue, youroupari, passiouaoua.*

Sorcier, *payé.*

Paroles du sorcier qui traite un malade, *payé o-maain yingaré ;*
I, *yayouo coupa.*

Médecin, *coua catou ipouang.*

Remède, *ipouang ;* I, *ipouan.*

N'y a-t-il pas de remède, I, *né-icoye pouan ?*

La mort, *o-manon.*

Cadavre, *éangouère.*

Enterrement, *atip ;* I, *ouaté oueuoueu poupé.*

Tombe, *miketi pounon otat ;* I, *tiouénan.*

Cimetière, *tiou énawe.*

Nom *érère, ère.*

Le nom de quelqu'un, *éoupennérère.*

Le nom de quelque chose, *éoupaang.*

Langage, *aeuou ;* I, *aouiou.*

Dessin, image, I, *apouicaoue.*

Image, *angawe.* Symbole, I, *angaoue.*

Dessin grossier, *ta-angawe.*

Dessin fini, *conciouare.*

Peintures du corps, I, *eïmongaté ounon.*

La mémoire, I, *yatouyaeu.*

Paiement, *érépoui ;* I, *ér-épeuh, épouih.*

Cadeau, I, *guiève.*

Fête en l'honneur de Youroupari, I, *daboucouri.*

Petite fête, I, *cachiri.*

Chants, *o-yingare ;* I, *o-yingare coupa.*

Danses, *poraye ;* I, *poraye coupa, o-tourépoui coupa.*

Fête à l'occasion d'une prestation volontaire, I, *possirou.*

Femme de mauvaise vie, *n-o-pouita-tari ouaïmi.*

3⁰ PARTIES DU CORPS, MALADIES

Corps, *é-rété ;* I, *iyoua ipire.*

Chair, *é-roo.*

Peau, *é-pirère.* Sueur, *piriaye ;* I, *piriahi.*

Poils, *épa-pouirawe.*

Os, *cangouère.*

Sang, *tououi, i-roui, i-oui ;* I, *é-rououi.*

Veine, *é-rayie.* Nerf, I, *é-rayigue.*

Pouls, *ainbang ;* I, *i-roui-tariri.*

Tête, *é-ancang.*

Crâne, *é-apouitère ;* I, *yapirae.*

Cervelle, *apitouou ;* I, *é-ancan é-rahi.*

Cheveux, *é-apirawe ;* I, *e-apiraoue.*

Visage, *é-rooua, é-roua.*

Front, *é-rapoucan.*

Tempes, *é-taapé ;* I, *é-tououapé.*

Sourcils, *é-rapoui-ca-rawe.*

Cils, *é-rapoui-pi-rawe.*

Paupière, *é-réa-pirère ;* I, *é-ra-pirère.*

Œil, *é-réa.* Larme, *o-yao ;* I, *a-yao.*

Nez, *i-n-ci.* Narines, *apoui-ngouare.*

Oreilles, *é-nami.* Joues, *é-ratépou.*

Mâchoires, *é-ratépoui.*

Bouche, *é-yourou.* Lèvres : *é-rembé.*

Moustaches, *é-réméra.*

Langue, *é-cou ;* I, *apécou.*

Dents, *é-ragne ;* I, *ragne, raï.*

Gencives, *é-raï-mi-roo ;* I, *é-raï-mi-re.*

Salive, I, *éangouère.*

Menton, *é-rendouba.*

Barbe, *é-néoua-rawe.*

Cou, I, *yaroupoui, aripi.*

Nuque, *yaroupoui.*

Gorge, cou : *é-couroucawe ;* I, *eyioe* (gorge).

Le haut de l'épaule, *aciou ;* I, *achiou* (épaule).

Épaule, *é-youa oupoui.*

Aisselle, *é-youa ouire ;* I, *é-youba-oure.*

Bras, *é-youa ;* I, *é-youba, é-youa.*

Avant-bras, *épapoui ;* I, *é-youba oupoui.*

Coude, *sirimina*.

Poignet, *é-cassacawe;* I, *épapoui-ahi*.

Main, *né-po ;* I, *é-po*.

La droite, I, *catou*. La gauche, I, *yaou*.

Paume, I, *é-po-rouaïpeu*.

Doigt, I, *é-po-ahi*.

Doigt, pouce, *é-po-an ;* I, *é-po-aou*.

Index, *é-po-yaïta ;* I, *é-po-yaouita*.

Doigt majeur, *é-po-an moutère*.

Doigt annulaire, *é-po-an mitic-ouère*.

Doigt annulaire, I, *e-po-a-moutére érebéouare*.

Petit doigt, *é-po-an mini ;* I, *é-po-a-mitic*.

Mes cinq doigts, *yé né-po-pap*.

Mes dix doigts, *opa yé né-po*.

Mes doigts et mes orteils, *yé né-pou i-pap*.

Ongles des doigts, *é-po-ampé*.

Phalanges, *é-po-an cassae-con ;* I, *e-po-a-cassaca*.

Poitrine, *é-pocia*. Estomac, I, *é-pociha*.

Mamelle, *i-ssoussou*.

Lait, *i-ssoussou-reu, tih*.

Côtes, *aroucan ;* I, *é-tourou*.

Cœur, *étounacang;* I, *iougne*.

Poumons, *é-ougne*.

Ventre, *é-pocia ;* I, *i-rié*.

Bas-ventre, *i-rié-pou*.

Foie, *pouia-couère ;* I, *é-rétouman*.

Nombril, *é-pourouan ;* *é-pounouan*.

Entrailles, *é-réi-couère*. Borborygmes ; I, *i-rié-pou*.

Pénis, *é-mo*, Prépuce, *ouitoua*.

Testicules, *apiya*. Urine : *carou*.

Matrice, *panranci*. Coït : *ménon*.

Grossesse, *i-pouroua*.

Accouchement, *i-menoui-at ;* I, *o-at*.

Dos, *é-apé*.

Colonne vertébrale, *eïti-cang*.

Hanches, *énanguepoui.*

Reins, *é-pounici-gouère.*

Fesses, *é-ricore-pouita.*

Anus, *évi-couare;* I, *évire.*

Excréments, *é-répoci.*

Cuisse, *é-you.*

Genou, *égnanpé;* I, *énépoua.*

Rotule, *énipoua;* I, *n-énépoua touman.*

Fémur, I, *é-ïou-touman.*

Jambe, *é-rétouman.*

Tibia, *é-rétouman cangouère.*

Mollet, *oo;* I, *é-rétouman-aye.*

Cheville, *pérénan.*

Articulation de la cheville, *é-poui-gnouan.*

Pied, *é-poui.* Empeigne : *é-poui-coupé.*

Talon, *é-poui-ta.*

Orteils *é-poui-an mitic.*

Gros orteil, *é-poui-an-où.*

Ongles des orteils, *é-poui-anpé.*

Plante du pied, *é-poui-roca-pé.*

Aveugle, *n-o-maain ;* I, *n-éa-pouioye.*

Blessure grave, *é-y-apiap.*

Blessure légère, *o-yécouci.*

Boiteux, *oconoc;* I, *ihiouaeu ocono.*

Borgne, *éapep, ihiouaeu;* I, *éahi.*

Bossu, *o-y-apé-toua.*

Boutons, *carassapa.*

Cicatrice, *até o-caain.*

Convalescence, *apouère.* Diarrhée : *iui-caheu.*

Douleur, *é-rourou.* Inflammation : *lourou.*

Écorchure, *piro.* Fièvre, I, *i-caraheu.*

Furoncle, *i-péwe.* Grimace : *a-i-missiré.*

Ivresse, *a-i-pot;* I, *ou-aui-pore.*

Mal au bras, *é-papoui-ahi-té.*

Maladie, *técorané.* N'être pas malade : *ni-técorané.*

Rêve, *apouanme;* I, *mahain.*
Rhume de cerveau, *gnamoui;* I, *i-y-amoui-heu.*
Rhume de poitrine, toux : *ouou.*
Sommeil, *o-ket.* Variole : *couroup.*
Vomissement, *ouèème;* I, *oréène.*

4° ALIMENTATION, HABITATION, USTENSILES, ETC.

Chasse, *i-poraca; paracanrère.*
Chasseur, *i-pouraca-ò, o-yepouraca.*
Gibier, viande, *miare.*
Piste, *pouipore. i-poupa.*
Terrier, *ioui-couare.*
Pêche, *o-kipoi;* I, *coupoye.*
Poisson, *pira.* Hameçon : *pina.*
Corde de l'hameçon, I, *igname couraoua.*
Amorce pour pêcher, *eukeu a-inong.*
Pêcheur, I, *o-coupoye tao.*
Enivrer la rivière, I, *acingat.*
Petite nasse en osier, *virica.*
Canot, *igare, igare-où;* I, *iare, iara, iarou.*
Bordage, *coupaci;* I, *ara-coupaci,sépa.*
Ecorce servant à calfater, *touriri, sissi.*
Pagaie, *épouicouita;* I, *époucouita.*
Natte qui recouvre le canot, I, *panacari.*
Patron de canot, *igare pouita-péouare.*
Abatis, *é-co.*
Petit bois, *caakekirère;* I, *cohiouare mo-catou.*
Gros bois, *ouira-ou-couère.*
Abatis neuf, I, *co-piaou, é-co-viyare.*
Abatis abandonné, *é-co ouiapap;* I, *ouétégné.*
Abatis déjà vieux, I, *co-quouère.*
Abatis où il y a encore du manioc, I, *témyou rénaoue.*
Abatis où il n'y en a plus, I, *co-couère mane.*

Prestation volontaire, I, *possiron.*

Culture, vivres : *é-rémiou.*

Aliments, *a-imiou;* I, *o-y-imio coupa.*

Manioc, *maniore ;* I, *manihoc.*

Rape à manioc, *iouainhain;* I, *iouenhen.*

Couleuvre à manioc, *tépéci.*

Farine de manioc, *couakeu.*

Cassave, *méyou,· miyou.*

Cassave fraiche, *inouang.*

Cassave chaude, *méyou acou.*

Cassave dure, *méyou antan.*

Grosse cassave jaune, *arassoca;* I, *arassouca.*

Couac délayé avec de l'eau, *couakeu mohi;* I, *couakeu ti-couare.*

Cassave délayée avec de l'eau, *méyou ti-couère.*

Bouillie de couac, *yékeu.*

Tapioca, *tépouiòwe ; couakeu siny.*

Bouillie de tapioca, *tacaca.*

Boissons, *o-caou, t-o-ocome ;* I, *o-caou coupa.*

Cachiri, *caciri.*

Cachiri de maïs, *caciri poupouire.*

Cachiri doux, *payaouarou.*

Cachiri d'ignames, *carari :* I, *carareu.*

Auge où on fait le cachiri, *igare-touroua ;* I, *iare-touroua.*

Maison, *oca.*

Maison non terminée, *étangouère.*

Petite maison basse non sur pilotis, I, *tangouère.*

Maison sur pilotis, escalier, I, *youra.*

Carbet à toit incliné, *tapouy-énaoue.*

Carbet à toit horizontal, *gnaoui-pirère.*

Ajoupa, I, *tapouy-énaoue missic.*

Hangar, *iouiae, caouire ;* I, *iouiohe.*

Carbet où les femmes travaillent, *courata-rétame.*

Poteaux de la case, *o-kita.*

Petites traverses des feuilles, *gnaroucan.*

Bâtons des feuilles, *yékire ;* I, *yérire.*

Grandes traverses d'en haut, *ikéoure.*
Fourches de la toiture, *yandou yara-pé.*
Toit, *ekéci;* I, *toupan-mouie.*
Arête de la toiture, *capou-cangouère.*
Grandes traverses d'en bas, I, *topan-bouie.*
Traverses du plancher, *ouirapé-mouie.*
Lattes du plancher, *passihou.*
Traverses qui les supportent, *mantan-tangawe.*
En bas du plancher, *youra-ouire.*
Charpente de la toiture, I, *éanpanci.*
Banc, tabouret : *apouca.*
Balai, *misso.*
Foyer, *tata-rénawe.*
Bois à brûler, *yapéa.*
Souffle-feu, *tapécoua.*
Briquet, *tata-kine;* I, *couanman.*
Boucan, *mara.* Ce qui est boucané, *o-caain.*
Flambeau, *tourisara;* I, *couanman.*
Viande boucanée, *miare-caain.*
Marmite, *touroua.*
Bouillon, *étacou, ti-couare.*
Palette à remuer le bouillon, *yékeuhi.*
Platine, *gnapéain;* I, *siparari.*
Assiettes, *parapi, marapi.*
Plat, *marapi-tourou.*
Cuiller, I, *séréoue, aparoucaouère.*
Tamis, *ourou-pème.*
Mortier, *énoua.* Pilon, *émouira.*
Calebasse, *mouroutoucou;* I, *moutoucou.*
Jarre, *ouarapouri;* I, *ouarapou-heu.*
Gargoulette, *iae;* I, *iaheue.*
Vase à boire, *couye, coui.*
Panier, *eureu-keriwe;* eureu-querou.*
Autres paniers, I, *carourou, siroro.*
Petit panier long, I, *ouaikiki.*

Hotte, *panacongouère, panacouère.*

Coffre, *pataya.* Sac, *saqui.*

Roseau à mettre les plumes, *arouain.*

Coton, *nimo ;* I, *nimo-poua* (en pelote).

Fil de coton, *nimo-oupouan ;* I, *nimo-pohi.*

Vêtements, *calembé, camisa.*

Trou dans un vêtement, *i-couae ;* I, *o-kéye.*

Corde, *i-gname.* Nœud, *apacing.*

Hamac, *kéawe, ini ;* I, *kéaoue.*

Hamac marqué, I, *ini couciare.*

Hamac roucouyenne en filet, *saoura-couère.*

Hamac dans lequel on porte l'enfant, *tipoye.*

Ceinture, *é-couame ;* I, *i-coapa, couapa.*

Jarretière, *tapacoura.*

Bâton, *piracang-pana ;* I, *piracang-pana-oue.*

Casse-tête, *poutou ;* I, *pantou.*

Arc, *païra.*

Flèche, *ouirapare ;* I, *ourapare.*

Hache de pierre, I, *apocico.*

Roche à aiguiser, *sépi, érayayeménon.*

Peigne indien, *ouira-keaoua.*

Couronnes de plumes, *cantare, toucane courou cantare.*

Colliers, *coùrouca-pore, courouca-radéouare.*

Collier de perles, *cassourou.*

Collier de graines, *ouiraa ;* I, *tépociquita.*

Le grand fouet des fêtes, *mapitou.*

Flûte, *é-mia, toulépoui ;* I, *toulépeuh.*

Tabac en carotte, *pétoun oumouantan.*

Tabac en carotte, I, *pétoun yéyéouécouère.*

Cigare indien, *pétoun.*

Enveloppe du cigare, *taouri-pirère.*

Pipe, *païpo.*

Paquet, tas : *mane.*

5° MARCHANDISES EUROPÉENNES

Aiguille, *cacousa ;* I, *cacoussa.*
Bague, *amoangoua ;* I, *mohangouae.*
Bougie, *touri.*
Bracelet, *y-émia-poui ;* I, *epapécouat.*
Chapeau, *sapo.* Ciseaux : *yétapa.*
Clou, *poutoupoutouri.*
Couteau, *maria ;* I, *kicé, maria.*
Petit couteau, *maria-couti ;* I, *maria mitic.*
Manche de couteau, *ieoùe.*
Épingles, *keawe ;* I, *quiouae.*
Fusil,*aracabousa ;* I, *mocawe.*
Grains de verre, *iparap.*
Hache, *yi ;* I, *you.*
Hameçon, *eukeu, pina.*
Harpon, *atémoui ;* I, *atémé.*
Houe, *pourouré.* Jupe : *toumoukirirou.*
Lime, *kerikeri.* Malle : *ouira-carourou.*
Marchandises, *mamaé ;* I. *i-mamahé.*
Miroir, *ouaroua.*
Munitions, *pozoung ;* I. *porangawe, maïpoure.*
Pain, *poroto.*
Peigne, I, *akeuoua.* Peigne long : *keuoua-poou.*
Peigne fin, *keuoua-pii.*
Pendant d'oreille, *é-nami-épaye, nami-céré ;* I, *e-nanmépaye.*
Perles, *mohire, cassourou.*
Plomb, *piroto.* Poudre : *couroupara.*
Rasoir, *yapocanapina, yapocapina ;* I, *naouaye.*
Sabre, *sab.* Soulier : *sapatou.*
Tafia, *paanteni ;* I, *pananteni.*
Vilbrequin, vrille : *poca.*

6º QUADRUPÈDES

Mâle, *téco;* I, *yaouoayé.*
Femelle, *ouaïmi;* I, *erécouare.*
Poil, *hahe;* I, *aoue, ayi-couère.*
Museau, *in-ci.* Queue : *ouaye.*
Patte, *yioua;* I, *etouman.*
Moelle, *i-cangouère o-où;* I, *i-canguépore.*
Musc, *i-cacing.* Chorée; I, *touroucouiouère.*
Acouchi, *acouci-ouayè.* Agouti : *acouci.*
Aï, *aheu.* Bœuf, *paca.*
Cabiaï, *capiyouare.* Cerf : *soo, cariacou.*
Chat, *maracaya.* Chat-tigre, I, *maracaya poucou.*
Cheval, *caouayau.*
Chien, *yaouare, caïcoui;* I, *yaouara.*
Chien à la queue coupée, *yaoua-yop.*
Meute, *acoun.*
Cochon marron, *tayaou.* Coïchi : *coïchi.*
Couata, *couata.*
Loutre, *sororo;* I, *yaoua cacaoue.*
Petite loutre, I, *sororo-péne.*
Macaques, *cahi, cahi-ororo.*
Pak, *pak.* Pakira : *taïtetou;* I, *tétitou.*
Rat, *anouya.* Souris, *anira.*
Sapajou, *couciri-sing.* Sarigue : *moucoure.*
Singe barbu, *coucihou.*
Singe rouge, *akeukeu;* I, *akikeu.*
Tamanoir, *tamanoi.* Tapir : *tapiire.*
Tatous, *tatou, tatou-où.*
Tigre, *yaouare, yaouare tapianre.*

7° OISEAUX

Oiseau, *ouira ;* I, *kioso.*
Aile, *pépo-cang ;* I, *ionpé-cang.*
Plumes, *i-pépo.* Duvet, I, *aoue, aouère.*
Duvet, *hahe, pohi.* Patte, I, *i-puih.*
Bec, *i-ci.* Queue : *ouaye.*
Nid, *ouaïti ;* I, *evi-couare.*
Œuf, *pia ;* I, *roupiya.*
Blanc d'œuf, I, *sın-catou.* Jaune, I, *ĩaoua-catou.*
Ponte, *pia mou-ème-ta ;* I, *pia-rénaoue.*
Couvade, *ouaapouit ;* I, *e-mo-acou pia.*
Agami, *yacami.* Aigle : *ouira-où.*
Aigrettes, *ouacara, aripipoco ;* I, *éracoure.*
Aigle de nuit, I, *yaoucova.*
Alouette, I, *matouétouère* (petite).
Aras, *arara, arara-cangue, casaoua.*
Bécasse, I, *matouitouire* (petite).
Bécasse d'eau, *ouira-sing ;* I, *oura-sing.*
Canards, *aranpono, corocoro.*
Cancan, *cancan.* Cassique, I, *tahire.*
Cassiques, *yapii, yapou, caramouré, époucating.*
Charpentiers, *pécou, taratara.*
Chauve-souris, *andéoura.* Colibri : *ouaïnoumeu.*
Coq, *téco massácara.* Poule : *ouaïmi massacara.*
Ergot du coq, *étouman-raheu, é-touman-panhi.*
Coqs de roche, I, *penhou, péon, péon-couare, ounaméou.*
Coujoubi, *couyououi.* Couyonoui, I, *couyonoui.*
Flamant, *ouara.*
Hirondelle, *mouynouhi.* Hocco : *moutou.*
Jabourou, *jabourou.* Maraye : *maraye.*
Martin-pêcheur, *yaouaci.*
Moouéyo des créoles, I, *ouacouro.*

Oiseau d'eau qui ressemble à la perdrix, I, *kérëi*.
Oiseau de nuit qui chante la gamme, I, *icoroco*.
Oiseau rougeâtre à longue queue, I, *acinegaou*.
Onoré, I, *oco*.
Paganis, *yapagani, sioui ;* I, *gnapocani, taouatouc.*
Perdrix, *inamou, ourou, soui.*
Perroquets, *couré, courahi, arancouan, maracana emia, arouahi.*
Perruches, I, *pinici, gnènè, semoué.*
Pie, I, *érapi-sourou.* Plongeon : *carara.*
Poule d'eau, *aracoure.* Ramier : *pouicaou.*
Toucans, *toucane, toucanehé, kirohe, poudigue.*
Urubu, *ouroubou.*

8º POISSONS, MOLLUSQUES

Poisson, *pira.*
Petits poissons, *ipikeure ;* I, *pira-hirère.*
Arête, I, *manihi.*
Acara, *acara.* Arapapa, I, *ivérivé.*
Aymara, *tarihire;* I, *aymara.*
Brochet (esp. de petit), I, *ouarapa.*
Coumarou, *coumarou.* Coumata, I, *amouata.*
Courimata, *courimata.*
Cuirassiers, I, *tanaainho-sing, mirioua, sisiou.*
Crâbe, *oua.* Crevette, I, *issourou.*
Gymnotes, *pouraké, arapo, arapoo.*
Lamantin, I, *yaouaci.*
Pacous, *pacou, pacouhi, pacou-pouitang.*
Patacachis, I, *mataoualé, ouarapa-sing.*
Pirarara, *pirarare.*
Pirarucù, I, *piraou.*
Raie, *caramaki ;* I, *sépari.*
Souroubi, *sourououi, souroui.*
Torossi, *torossi.*

9° REPTILES BATRACIENS

Serpent, *moye;* I, *moé.*
Venin, *hagne;* I, *essehou.*
Boa, *moy-où;* I, *orococo.*
Caïmans, *yacaré, yacaré coutagne-dîwe.*
Crapauds, *kito;* I, *tomitic, youi, youioue.*
Escargots, *minoua;* I, *ouroua,* iouicoutic.
Grages, *yarara, ouroucou-courane;* I, *oucou-courane.*
Grenouilles, I⸴ *courourou, ouitagne, mourou.*
Iguane, *ouyamaca;* I, *ouayamaca.*
Lézards, *kiriouarou, tamocoinré;* I, *téyou, couréréué.*
Mantounis, I, *coué, mari.*
Mille-pattes, *coumpépé.* Salamandre : *cassacassa.*
Scorpions, I, *yaouayire, coumepépé.*
Serpent d'eau, *taeurété.*
Serpent-liane, *courémoye.*
Serpents plus ou moins imaginaires dits « du fond de l'eau », I,
   *arario massara, ouayamou, anacoupérou, coumaraoua,
   acouci-ragne, ouroua.*
Tortue de terre, *gnaoui;* I, *myaoui.*
Tortues d'eau, *taouarou;* I, *ayourouta.*
Ver macaque, *oure.* Vers des palmiers : *pissou.*
Vers de viande, de poisson, I, *tapourou.*
Vers intestinaux, *évohi.*

10° INSECTES

Abeille, miel : *eïre.*
Abeille qui ne fait pas de miel, *aricara.*
Larve d'abeille, I, *tamocome.*
Araignées, *yandou, ouariri.*
Grosse araignée, I, *tamandoua.*

Bourdon, I, *acaya*. Chique : *toune*.
Demoiselle, I, *gnacine*. Fourmi, I, *tarihe*.
Petite fourmi, *améène*.
Fourmi manioc, *eua ;* I, *ea*.
Fourmis noires, I, *taracoua, oulélé ouri*.
Guêpes, *caa, cao*. Luciole : *mouan*.
Maque. *carapana ;* I, *gnaincion tourou*.
Maringouin, I, *gnaincion*.
Mouches, I, *moutougue, cooué-ouaye*.
Mouche à dague, *moutouc ;* I, *moutougue tourou*.
Mouche éléphant, I, *pocopoco*.
Mouche à vers, *mérou*.
Mouche velue, I, *iove*.
Autres mouches, *croucrou, caoué-ouaye*.
Moustiques, *mocoto, apiri*.
Papillons, *paname, panama ;* I, *ouarapérou*.
Pou, *é-keu ;* I, *queuou*.
Pou d'agouti, I, *moucougnehi*.
Puce, *toune-diwe ;* I, *oure*.
Ravets, *ravé, ravécasing, alama sisi, queyou*.
Sauterelle, I, *sikisikire*. Termites : *coupii*.
Tiques, *yatéoucine, yatéoupowe*.
Tiques, I, *taracoua, ourouqueuwe*.

11° ARBRES

Arbre, *iouira, ouira*.
Pied d'arbre, *ouira i-poui ;* I, *ouira i-peuh*.
Gros arbres, I, *ouira-où,*
Racines, I, *apo, ouira-rapo*.
Tronc, *o-tenain ;* I, *yaracaci*.
Ecorce, *pirère*. Arcaba : *ouira po-penne..*
Branches, *ouira-nancan*.
Feuilles, *ove ;* I, *howe, caa-rowe*.

Fleur, *ipotiré*. Fruit : *ia*.

Graine, *antan ia*. Huile : *yandi ;* I, *yandhé*.

Epines, *gnon-aci ;* I, *ianpé-cang*.

Arbre à bois tendre dont on fait les bancs ; I, *t-apouca*.

Arbre à encens, encens : I, *touri*.

Arbre dit Myristica surinamensis, *ouarouci*.

Arbre semblable à l'orme, I, *moutouchi*.

Arbre à caoutchouc, caoutchouc, *ioua*.

Arbre qui ressemble au précédent : *érionomo*.

Arbre à résine, résine : *mani*.

Arbre qui donne la fève tonka, *mounoueu*.

Arbres dont les graines servent à faire des colliers, *tépocikita,*
éouiapare.

Acajou de forêt, I, *acayacassing*.

Acajou, *cajou*. Aouara : *ouara*.

Bâche, *mourouci*. Cacaotier, I, *ouarapourou*.

Canari macaque, I, *caïnoua*.

Carapa, *yandé ;* I, *yandhé*.

Caumous, *pino, tapoarouri*.

Chêne, *maroubane*.

Chou palmiste, *ancan*.

Copahu, *ipevi ;* I, *ipenhoui*.

Courbaril, *ouatara*. Génipa : *yénépa*.

Mombin, *monpé*.

Palmiers, *ouiri, ouaracouri*.

Paxiuba, *paciouaoua, passiou*.

Pinot, *ouassey, ouassaihi*. Touca : *gnan*.

Arbres divers, *maripa, mouroumourou, moutouchy, ouacari,*
ouacapou, ouising, pékéa, tapaca, taouary, touriri.

12° ARBUSTES, PLANTES

Arbuste dont la tige donne un vomitif, *tamouca*.

Arbuste qui croît sur le bord des rivières, *catapari*.

Arrouman, *ourouou*. Bambou : *couaman-tang*.

Bois canon, *amaéou*.

Cacaotier, *ouarapourou, acaou*.

Calebassier, *mouroutoucou ou-poui*.

Canne à sucre, *acicarou*. Cotonnier, I, *nimopohou*.

Courmouri, *tékère*. Curare, I, *emehioué*.

Cramanioc, I, *eyimo ouyat manihove*.

Herbe, I, *yaè*. Herbes à enivrer, I, *timbo, yaéo-poupé*.

Ignames, *cara, cara-ou, cala-ouassi*.

Liane, *sipo, iipo ;* I, *simo*.

Lianes diverses, *mècou, ourououaé, roucouya, ana ouca-sing, icouae, coumana*.

Lilas sauvage, I, *parangouatan*.

Maïs, *aouassi*. Marie-tambour : *tapourou-malé*.

Mouroumourou, *marariapou, yataïve*.

Ouaye, *ovui*. Patate : *yètic*.

Pite, *couraoua*.

Roseau qui croît au bord des rivières, *courmouri*.

Roseau à flèches, *ouioua, iouire*.

Roucouyer, *roucouiwe ;* I, *ouroucou*.

Pied de tabac, *petimore*. Vanille : *iponine*.

Arbustes divers, *counana, carouman moucoumoucou*.

13° FRUITS

Ananas, *nana, nana-hi*.

Bacove, *paco*. Banane : *paco-où*.

Giraumon, *acicara*.

Haricots, *coumana, coumana-siri*.

Papaye, *mahou*. Piment : *keui*.

Pois sucré, *inga-siri*.

Pomme d'acajou, *acayou*.

Tayove, *taya*.

14° NUMÉRATION

Un, *pessou, pessou-té;* I, *maïpéité, ehoume.*
Deux, *mocogne.*
Trois, *mapouit.*
Quatre, *irouté.*
Cinq, *enépo-couère;* I, *nirougne.*
Six, I, *epoa-où.*
Sept, I, *népo yaouita.*
Huit, I, *enepou amoutère.*
Neuf, I, *enépo amoutère érébéouare.*
Dix, *énépo-pap;* I, *enépo amilic.*
Vingt, *yatit énépo-pap;* I, *queuguon opap.*

15° PRONOMS

SING. I

Je, moi, me, à moi : *yé, yéwe, yuwe.*
De moi, *yé, é-.*
A moi, *é-maé, é-maain, é-péouare, é-riima.*
Mon couteau, *yé maria.* Mon canot : *yé igare.*
Mon hamac, *yé kéawe.* Mon ami, I, *yé moroupa.*
Mon bras, *yé é-youa.* Mon bras gauche : *yé é-youa rouayare.*
Ma main, I, *yé é-po.*
Ma demeure, *é-rétame.* Ma flèche : *é-répare.*
Ma peau est blanche, *yé piré sing.*
Mes cheveux sont blancs, I, *é-apiraoue asing.*
Mes bras, I, *yé amou é-youa rouayare.*
Mes deux bras, *é-youa révégné.*
Mes deux mains, *é-po révégné.*
Ce chien est à moi, *é-riima yaouare.*

Ceci est à moi, *ang yé.*
Donne-moi de l'eau, *eu aiméain yé.*
Pas moi, *énéssouan.*
Il n'y a rien pour moi, *na-icoye sou yé.*

SING. II

Tu, toi, te, à toi : *éndé, yendé, éné, édém, dé, né.*
De toi, *éndé, éné, né, endé-ue.*
A toi, *né-péouare, né-riima.*
Ton couteau, *né-maria.* Ta demeure : *né-rétame.*
Ta flèche, *né-rapare.* Ta femme : *né-récouare.*
Ton fils, *éné raïre.* Ta tante, I, *éné pipi.*
Ton abatis, I, *endé né-co.*
Ton cachiri, I, *endé caciri.*
Ta peau est rouge, *né-pirère pirang.*
Tes cheveux sont noirs, I, *né-apiraoue pioune.*
Tes bras, I, *éné amou é-youa rouayare.*
Tes deux bras, *né-youa révégné.*
Tes deux mains, *né-po révégné.*
Ceci est à toi, *ang éné, né-riima été.*
Pas toi, *énérouan.*

SING. III

Il, lui : *aoui, aoua, aougne, ougne, aé.*
Elle, *ouaïmi* (femme).
De lui, *aougne, éndé, éné, né, i-.*
D'elle, *ouaïmi, éndé, éné, né.*
A lui, *aoui, aougne, aoui é-péouare, aoui é-riima, aougne é-péouare, aougne é-riima.*
La flèche de lui, *aougne é-rapare-té.*
Le canot de lui, *aougne igare-té, né-igare.*
Le bras de lui, *aougne i-youa, i-youa.*
La main de lui, *aougne né-po, né-po.*

Le couteau de lui, *né-maria-té*,
La demeure de lui, *né-rétame, né-rénawe, énawe.*
Le hamac de lui, *né-kéawe.*
Le bras d'elle, *éndé né-youa, ené né-youa, ouaïmi né-youa.*
La main d'elle, *éndé né-po, éné né-po, ouaïmi né-po.*
Les bras de lui, I, *né-youa aougne né-youa.*
Les bras de lui, *i-youa révégné.*
Les mains de lui, *né-po aoui révégné.*
Les bras d'elle, I, *né-youa endé né-youa.*
Les bras d'elle, *ouaïmi é-youa révégné.*
Les mains d'elle, *ouaïmi é-po révégné.*
Les mains d'elle, I, *é-po endé ré-po.*
Ceci est à lui, *aoui é-péouare-té, aougne é-péouare-té, aoui é-riima, aougne é-riima, ang ére.*
Ce chien est à lui, *yaouare aoui.*
Pas lui, *ivonenouan.*

PLUR. I

Nous, *pirouou-coupa, pirou-coupa.*
Nos, I, *contépé.*
Nos femmes, *éré-récouare ; I, éré-récouare contépéouté.*

PLUR. II

Vous, *pirouou-pégné, pirou-pégné, pégnaoui.*
Vos, I, *contépé.*
Vos femmes, *é-récouare yatire-pégné.*

PLUR. III

Ils, I, *yaoui.*
Ils, eux : *amou-come, aoua-come, pirou-pégné.*
Elles, *ouaïmi; I, endé.*
Leurs femmes, *amou é-récouare-té, na-récouare.*
Leurs femmes, I, *amou éré-récouare-té.*

Ceci, cela, celui-ci, celui-là, voici, voilà : *ang, aougne, ougne, épougné, pougné ;* I, *poougne, pooui.*

Le voici, *aouigne, aouicé.*

Autre, *amou.*

L'autre, les autres : *amou-come, aoua-come.*

En voici, *ang.* En voici un autre : *eï-amou.*

Tout, *yatiri.* C'est tout : *aoyépa-té.*

Tous, *contépéouté.*

On, *pirou-coupa.* On chante chez Pierre : *pirou-coupa o-yingare Pierre é-pouri*

Rien, il n'y a rien : *na-ico-ye.*

Quel? quelle? quoi? (choses), *mamiaé, mamaé?*

Qui? quelle? (personnes), *amoucome pougne, aoua-come pouyne, aoua?*

Quel est cet homme : *aoua-come pougne?*

Quelle est cette femme : *aoua-come ouaïmi?*

A qui est le hamac : *aoua kéawe pa-ang?*

Quel est cet homme? I, *aouacome paougne aoui?*

Quelle est cette femme? I, *aoua ouaïmi paoui?*

Qu'es-tu venu faire ici : *mamaé pé ké kitit éré-yot?*

Je suis venu te voir, *a-yo né-réssa até.*

Pour quoi faire : *mamaé ré-pougne?*

Que dis-tu : *mamaé ère?*

Que dit-il : *mamaé é-pougne?*

Qu'est-ce : *mamaé pa-an? mamaé étanhan?*

16° PRÉPOSITIONS

Dans. Il y a du poisson dans la marmite, *o-ico pira touroua poupé.*

Il y a des cassaves dans la hotte, *ouété myou panacouère poupe.*

Il y a de l'eau dans la calebasse, *ouété eu moutoucou poupé;* I, *ouété heuh moutoucou pé.*

Dans mon canot, *yé igare ouitéripé.*

Dans ta maison, *ouitéripé né-rétame.*

Dans sa maison, *ouiteripé énawe.*

A, dans. Allons à Yaroupi : *yaè Yaroupi poupé.*

Je vais à l'abatis, I, *co-poupé aoutat.*

Allons à Saint-Georges : *yae Saint-Georges pé.*

Chez, vers, auprès de. Vers moi, *é-coti.*

Vers toi, *né-coti.* Vers lui : *é-coti.*

Allons chez François : *yaè François é-coti.*

De ce côté, *yané-coti-re, eni-coti-ouaye.*

Chez. Chez moi, *é-pouri.* Chez toi : *né-pouri.*

Chez lui, *é-pouri.*

Viens travailler chez moi : *é-yot a-pocico é-pouri!*

J'ai porté des ananas chez toi, *nana o-coupa né-pouri?*

Qu'as-tu chez toi : *mamaé oué né-pouri?*

Très près de moi, *é-pouri kégnéain, é-pouire kégnéain.*

Sur. Il y a de la cassave sur la platine, *ouété myou gnapéain aruo.*

Sur l'arbre, *ouira aruo.* Sur la montagne : *ioutire aruo.*

Il a un chapeau sur la tête, *ouété sapo é-ancang aruo.*

Sous. Le ravet est sous la malle, *aravé ouiracarourou iouiripé.*

Pour. J'ai apporté des sabres pour toi, *sab éné-we gnonté a-i-rout.*

J'ai apporté des sabres pour vous tous, *pégnaoui gnonté sab a-rout.*

J'ai apporté des sabres pour lui, *a-é-rou sab éné-we.*

J'ai apporté des sabres pour eux, *a-raa-ta sab yipécoum.*

J'ai apporté des sabres pour les Roucouyennes, *a-raa-ta sab roucouyenne-con péouare-té.*

Avec. Avec moi, *é-roupi.*

Avec toi, *né-roupi.* Avec lui : *oupi.*

Je viendrai avec mon frère, *cacagne érévété a-yoo-tat.*

Il est allé avec le Couroumi, *aé révété couroumi ô.*

J'ai allumé du feu avec l'encens, *touri rété a-i-moïpouic.*

Mange les ignames avec du sel, *é-ou cara saoutou-ré.*

A. Il reste à la pluie, *amanoki répouitère pé.*

Il reste au soleil, *couaraeu acou roupi écoye.*

17º ADVERBES

Oui, *hehe, heuheu, houhou, eye.*
Non, *ani, anira.*
Ici, *iké, kévé, ké ;* I, *ki.*
Ici même, *kévé-igne.*
Là, *mocobe.* Là-bas : *ougnemé, cngnemé.*
Là haut, en haut : *iouaté.*
En haut, *éapouire-kété.*
En bas, *mouiae-kété ;* I, *ooui-quété-guéyou.*
Par terre, *ioui-kété.*
Devant, avant : *rénondèrepi.*
Avant, I, *coua-é-rénondèrepi.*
J'arriverai avant toi, *yépouiaouoène é-rénondèrepi.*
Va devant moi : *coua-é-rénondèrepi.*
Derrière, après : *é-raképouirepi*
Dedans, *iangnemé ;* I, *icatoue.*
Dehors, *couyaoupé ;* I, *coromo.*
De ce côté, I; *coïpére-ouan.*
D'un côté, I, *rouayare.*
Partout, *piroui, pirougné, kéketi.*
De tous les côtés, *pouiassou.*
Aujourd'hui, maintenant : *angueai, angueé, hangueai.*
Hier, *couai ;* I, *couéai.*
Avant-hier, *ouigne couai ;* I, *mouigne amou covi.*
Demain, *cooui ;* I, *covi.*
Après-demain, *ouigne cooui ;* I, *moui covi.*
Il y a un instant, I, *hangué-té-ria, couéré-nériogne.*
Il y a longtemps, I, *parangave, uémyon, myon.*
Il y a longtemps, *coromo-éouai, coromo-èreme.*
Il n'y a pas longtemps, *ni-caramoye, caramo-é-rouan.*
Il y a très longtemps, *coromo-éyné.*
Il y a déjà quelque temps, *cuévé myame oupa.*

Bientôt, *coromo, coromo-té, coromo-ramé, coromo-aouène.*

Déjà : *coranou.*

Tout à l'heure, dans un instant : *amouère moutème.*

A cette heure demain, *kévé couaraeu é-réyone.*

Toujours, *coromo-saoune ; I, cohi a-pocico-tahire.*

Jamais, *a-yé-opangan; I, anporomo.*

Je vais souvent à la chasse, *a-i-poraca té aïpa; a-i-poraca éété a-yo oïpa; a-i-poraca couévé ouarérave nàye ékehit ; a-i-poraca couévé ouaréravé nàye aïpa-kit.*

Vite, *coïcéain, couciaouaremouté.*

Lentement, *méouété, mévégué.*

Quand est-il mort : *mandéouèromé pou manou ?*

Quand est-il arrivé : *mandéouèromé o-ouip ?*

Quand iras-tu : *éné ré-orème i-catouté-ouérène ?*

Beaucoup, *yatit, yatire poupé, ouatire, y-écoi, é-y-écoi,-tiwe, -téou,-téwe.*

Très, I, *ouahi,-ahi,-atou.*

Noms de criques où il y a beaucoup de bâches, de roucouyers, *mourouci-téou, ouroucou-tiwe.*

Pas beaucoup, *n-y-atirc.*

Un peu, *gnonté, keugnonté ; I, kignenta kéan'nanté, ramé, nomocouaye.*

Trop, *coupéyeain, yatire pouiassou.*

Assez, *iroté; I, iouaté.*

Encore, I, *coromo-ramé, cacinao, condessaoue.*

Donne m'en encore : *émouté amou yé!*

J'en ai assez, *a-apé-té.*

Je n'en ai pas assez, *iépé-rouan.*

Mon abatis est plus grand que le tien, *tourou yé é-co éndé né-co mitic.*

Mon abatis est plus petit que le tien, *yé é-co miti-té né-co tourou.*

Mon cachiri est meilleur que le tien, *i-catou yé caciri éndé caciri ni-catou-ye.*

J'ai plus de gens que toi, *k-ékéringouère-con nécoupèye né-pouri yé.*

J'ai moins de gens que lui, *k-ékéringouère-con nécoupèye pouri.*

Combien? *pégnon, nipégnon poupé?* I, *nitégnon pougue?*

Combien as-tu d'enfants : *nipégnon péné né-raïre?*

Même, *iouoouérène ;* I, *iouovérène.*

Comme, *ouoouoouerène ;* I, *aouyacome.*

Mon abatis est aussi grand que le tien, *yé é-co   iououérène
tourou éndé né-co.*

Presque, *a-ico-té, a-ité;* I, *amoucagnème.*

Bien, *catou-té.* Très bien, I, *catou ayée.*

Mal, *ni-catou-ye.*

Vigoureusement, *ouauouo;* I, *ouaïvo.*

Où est ta femme : *micati né-récouare?*

Où est ton mari : *micati né-mène?*

Où est la femme de François : *mikéti François é-récouare?*

Où as-tu vu cela : *mikéti essae coupa?*

Où es-tu : *mikéti pé ryoup?*

Où est-il maintenant : *mikéti paang écoye?*

Où est-il : *miketire pougne?*

D'où viens-tu : *miketire pé ré-orème?*

Où est allé le couroumi : *miketit couroumi o ?*

Où as-tu perdu ton couteau : *miketit aïtié né-maria?*

18° CONJONCTIONS

Pourquoi veux-tu me voir : *mamaé réouare amou pé ressae-ta-
ripa?*

Parce que je suis ton ami, *i-moripa aouité a-yomoo né-coti.*

Pourquoi n'es-tu pas venu : *manouyé no-ndouri?*

Parce que j'ai chaviré, *n-a-yori a-ipomi yé.*

Pourquoi? I, *manéouacaci.*

Pour quoi faire? I, *manéouaréci penné.*

19° ADJECTIFS ET PARTICIPES

Absent, *kévé-rouan*. Présent : *kévé* (ici).

Absent, I, *hanguété oumanté*. Présent, I, *iké-ouareté*.

Adroit, *pocico-coua*. Maladroit, sot : *noupi*.

Aigre, amer : *aye, taye*.

Avare, I, *catéhoume*.

Bavard, *yaouéta*.

Beau, joli : *i-catou*. Très joli : *catou-té-are*.

Pas joli, pas propre, pas bien : *n-oouari*.

Ce n'est pas beau, *yaeu-rété;* I, *yayeuéréte*.

Laid, *yaïté*.

Bien portant, *catouté oaté a-ico*. Se bien porter, I, *ouaté a-ico ayéèté*.

Mal portant, *ni-catou-ye noari a-ico*. Se mal porter, I, *n-ouaré-ico*.

Tout le monde va bien, *oaté piroupégné catou*.

Bigarré, *o-yiouoréiye*.

Blanc, *sing, cing;* I, *sime-ahé*.

Bleu, *issounaou;* I, *amouène*.

C'est bleu, *o-mouimaé*.

Bon, *catou*. Pas bon : *ni-catou-ye*.

Bon à manger, *i-catou a-ou, catou-té iaourène*.

Pas bon à manger, *ni-catou-ye iaourène, yaï-vère;* I, *ni-catou-té, nahé, nahé ni-catou-ye*.

Carré, *yita*.

Cassé, *acaat, oyiap*.

Causeur, *ta racu aougne niévère porongueta*.

Pas causeur, *n-o-porongueta ang aougne, n-é-mongatatari;* I, *niévère poraingueta*.

Cher, *catéème;* I, *catéanmé*.

Pas cher, *né-catéème;* I, *na-catéanmé*.

Content, I, *ori-catou*. Mécontent : *na-ori-ye*.

Contourné, sinueux : *conéconé*.

Couché, *a-ket;* I, *o-ket.*

Coupant bien, *aïmné.*

Court, *yatouc.*

Cuit, *oyip.* Pas cuit : *n-oyiué.*

Debout, *o-pouame;* I, *o-pouanme.*

Déchiré, *okeye.*

Demandé, I, *pourandou, pouranou.*

Difficile, *ouaïpe-té.* Pas difficile : *ni-ouayepé-ye.*

Doux, I, *ainhaingatou.*

Droit, *o-ténaingatou.*

Dur, *antan, antan-gouèrc.*

Pas dur, tendre, mou : *ni-antan-gne, ipoüe;* I, *n-antan-gne.*

Écorché, I, *pir-oca-oue.*

Enflé, *lourou;* I, *i-carassapapape.*

Ennuyé, triste : *émossourouc.*

Pas triste, *n-émossourou-ye.*

Enroulé, roulé : *ipore.*

Épais, *gnaname;* I, *nyanambou.*

Fâché, en colère : *a-imoro, a-icoon.*

Pas fâché, *n-a-imoro, n-a-icoon-gne.*

Fatigué, *a-youat, érahipape.*

Pas fatigué, *n-érahipa-ye.*

Faux, *iouarité;* I, *iouone-ouan.*

Fin, menu : *pohi, pihi.*

Fini, *o-pap.*

Fort, *caci.*

Faible : *ni-caci.*

Fort (boisson, pipe), I, *ouaïki.*

Fou, *icamara.*

Généreux, *a-mèain mamaé iné-wè;* I, *a-youyouareouan mamaè méaé.*

Grand, *tourou, taïrenon.*

Gras, *icap.*

Gros, *taïrenon, pohou, -où, -aou, -réou.*

Haut, I, *ouatéè.*

Bas, I, *nt-ouaté-ye, ouatè-reouan.*

Instruit, *a-ognégné coa-catou.*

Habile, I, *a-pocicatou, i-técorané.*

Ignorant, *n-a-coa-ye manté, n-a-cacoa-ye.*

Intelligent, *inoupimé;* I, *ouih.*

Ivre, *a-ipot;* I, *aouéïpot.*

Jaune, *taoua;* I, *issouan-catou.*

Large, *pébéou, péou.*

Pas large, étroit : *ni-péou-ye.*

Lointain, I, *coïpéè.*

Proche, I, *ni-coyepé-ye, coïpè-re-ouan.*

Long, *poucou.*

Maigre, *cining;* I, *o-cining.*

Mauvais, I, *yaou, yaïté, yaeureté.*

Méchant, I, *ognicoo* (une personne), *gnanron* (un chien).

Mince, *sarara;* I, *nyaname.*

Moucheté, *ipinime.*

Noir, *pioune;* I, *omouic, obouimahé.*

Odorant. —. Qui sent bon, *ipié-catou.*

Qui sent mauvais, *ipié ni-catou-ye, ipié aïp.*

Patient, *orip.* Pas patient : *n-a-ori-ye.*

Pesant, *pooui;* I, *i-pooui.*

Pas pesant, léger : *ni-pooui, o-ouéoui.*

Petit, *mitic, missic, miti-té.*

Peureux, *o-kiyé.* Brave : *n-o-kiyé.*

Plat, *itamé, ioui-pé.*

Plein, *i-tinème;* I, *tounème, pore.*

Pas plein, vide : *ni-tinème;* I, *na-tounème.*

Pourri, *inème.*

Profond, I, *tépoui.* Pas profond, I, *na-tépoui.*

Querelleur, *o-pocotaraouiyoué* (il se battra); *o-pocoériyouèye* (qui aime à se battre); *o-ıcoéè* (il fait le méchant); *oca-ouaïp* (querelle d'enfant) : I, *o-pocoyoè.*

Rassasié, *étanrou.*

Rayé, *agnane.*

Rond, *itanra-ouan catou.*

Rouge, *piraug, tariré;* I, *pouitang, tariri-catou.*

Sale, *ikeua.* Propre : *n-ikeuaye.*

Salé, *émouic.*

Tranquille, I, *erétité réyoune.*

Travailleur, *a-pocico ata raeu* (qui va bien au travail); *niévé catou pocico* (qui ne quitte pas l'ouvrage); I, *yévé catou pocico.*

Fainéant, *n-a-pocico-ye, n-o-otari kéawe* (qui ne quitte pas le hamac) ; I, *nyaouane.*

Tigré, *ivéririp.*

Vert, *issooung;* I, *moyou.*

Vieux, *youcouère;* I, *taïmi.*

Pas vieux, neuf, *ipouiaou-couère;* I, *caramoéré-ouan, kécou.*

Voleur, *mona.*

Vrai, *ayéoéi ;* I, *iouoté.*

20° VERBES

Les conjugaisons ne suivent pas toujours des règles absolument fixes. On trouve fréquemment des négligences, des irrégularités et des bizarreries qui ne sont pas toujours faciles à expliquer.

Abattre, couper un arbre : *ouira-ap, etap.*

Abattre un arbre, I, *o-iteuc.*

Accoster, *a-rout igare né-coti.*

Accoste le canot, I, *é-rou-raï iare é-coti!*

Accrocher, I, *eïnoug mocoéoué mapaang mocsoué.*

Acheter, *epoui;* I, *o-pouihi.*

Je veux acheter un hamac, *ini a-poui a-potat yé.*

Je vais acheter une poule, I, *massacara a-poui itat.*

Je veux acheter ton arc, *né-paria a-poui-ité yé.*

J'achèterai des hamacs, *ini a-poui taarané.*

Aiguiser, *a-i-menon ;* I, *é-queuci.*

Aimer quelqu'un, *a-potat.* Haïr : *n-a-pota-ri.*

Aimer d'amour, *é-toupié*. Je t'aime : *yé né-toupié*.

Aimer, I, *ori-catou*. Je t'aime, I, *é-rorou néré*.

Aimer une chose, *yé-ouèye, youèye, ouèye ;* I, *éri-youèye,*
Ne pas aimer une chose, I, *n-éré-outari*.

J'aime le poisson, *a-yeouèye pira*.

Autrefois j'aimais la cassave, maintenant j'aime le couac :
*coromo-éouai simyame a-yeouèye méyou, angueaï couaké
a-youèye couaké kéhit*.

Il aime le tafia, *o-ouèye paanteni*.

Aimes-tu le cachiri? I, *éri-youèye caciri?*

Tu aimes le couac, *n-éri-youèye couaké*.

Allaiter, *o-maain soussou-to ;* I, *i-méhé soussou-to*.

Aller — *a)*. Je vais à Saint-Georges, *Saint-Georges é-ouatat*.
Je vais chez François, *Francois a-ouatat*.

Je vais à l'abatis, I, *co-poupé a-outat, co poupé a-tat*.

J'irai demain à l'abatis, *cooui a-tat é-co poupé*.

J'irai dans la forêt, *caa poupé a-tat*.

J'irais volontiers, *ayé été a-atat*.

J'irai à ma case, I, *coromo-aouème tat é-rétame poupé*.

J'y vais, *a-atat*. Je n'y vais pas : *n-a-ata-ye*.

b) Je vais à ma case, *é-rénawe catou-ité a-yot*.

Aller longtemps, *coromo-éouaï ré-yot*.

Ne pas aller longtemps, *ni-caramo-ye ré-yot*.

c) Autrefois j'allais à Saint-Georges, *coromo-égné a-yéou mya-
mé Saint-Georges poupé*.

Je suis mal ici, je m'en vais : *n-oouari kévé a-you*.

d) Aller vite, *a-yahé coïcéain*. Va vite, I, *yahé coïcéain*.

Aller lentement, *méouèté yaè*.

Je vais en voyage, *yaè aïpi yé*.

Allons tous les deux, *yaè mocogne !*

Qu'ils aillent ensemble, *o-yeè pégné !*

e) Tu vas, *éré-o*. Il va : *o-o*.

Il est allé en bas, *o-o mouiae*.

Ils allaient, *o-o cacimi pougne*.

Je ne veux pas qu'il s'en aille, *n-a-potari ougne o-o*.

Je ne sais pas où il est allé, *n-a-coa-ye nati ò*.

Il est allé à la chasse, I, *i-poraca o*.

f) Va voir, *écoua essae !*

Aller chasser, I, *écouaye pouraca*.

Allons manger, I, *écouaye myou !*

Ne pas aller, I, *n-acouaye*.

Aller lentement, *écoua méouété ;* I, *méhou écoua*.

Va chercher de l'eau, I, *écoua heuh piarame !*

Va arracher et apporte des ignames : *écoua cara yooc é-roure !*

g) Je n'y vais pas, je ne veux pas y aller : *nécéri n-éouéri n-a-ain*.

Ne pas aller, I, *n-éouéri*.

S'en aller, *taaraïne,; I, taraïéné*.

Pourquoi veux-tu déjà t'en aller : *mamaé ré-périco tévain*.

Aller à la selle, *écoua possa, é-répoci*.

Aller mieux, *a-pouère*.

Il ne va pas mieux, *a-pouère ani myame*.

Allumer, I, *moye*.

Allumer le feu, *tata t-éré-mouindi ;* I, *mouendi tata, mamoère*.

Allume le feu, I, *tata moï potat !*

Amollir en faisant bouillir, *i-pouisaou*.

Amorcer, appater : *simossoumé*.

Appartenir — Ceci m'appartient; *é-péouare etanan, é-riima été ;* I, *é-péouare, é-riima té-péouare étéan*.

Ceci t'appartient, *né-péouare été, né-riima été*.

Ceci lui appartient, *aoui é-péouare-té, aoui é-riima ;* I, *amou é-péouare-té, amou reïmaoue*.

Appeler, *apoucayi-pé ;* I, *apoucayou-pé*.

S'appeler — Comment s'appelle cette crique : *mamaé téancan manéoua éoupaang-pé* ?

Comment s'appelle cet Indien : *manéouare pougne éoupenn-érène-pé ?*

Comment s'appelle-t-il : *mamaé ère ?*

Apporter — J'apporte, *a-rout*. J'en apporte : *a-i-rout*.

Tu apportes, *é-rou*. Tu apporteras cela chez Acara, I, *é-rou pougne mamaé é-cotih Acara*.

Apporte cela chez moi, I, *é-roure mamah é-épouri!*

Apporte ici de la cassave, I, *é-rou méyou iké!*

As-tu apporté du tafia, I, *ire-rou pananténi?*

Remporte le bouillon, I, *étacou é-rout!*

Apportez-moi du bois à brûler, I, *yapéa pé-roure yé!*

Je t'apporte des pacous, *pacou o-rout né-coti.*

Il apporte, *oué-rout.*

Ils apportent du poisson, *amoucome pira a-rout.*

J'apporterai des haches, *taraané yi éré-réoué.*

Apporte-le-moi dans la main, *é-mououri é-po yé!*

Qu'apporte-t-il : *mamaé é-roure aoui-vé?*

Apprendre — Je veux apprendre ta langue, *a-i-moétan dé-aoure.*

Arracher, *yooc, a-mouove.*

Arranger, *mo-catou.*

S'arrêter, *yapouita, apouita;* I, *pouita iké.*

S'arrêter pour faire du feu, *nérépoui tata niramé écoua.*

Arriver, *a-ouaéma, o-ouic.*

J'arrive, me voici arrivé : *a-ouaémap.*

Je suis arrivé depuis longtemps, *coromo-éouaï yé a-ouoème.*

Tu es déjà arrivé, *é-youaéma cicorènou.*

Il est arrivé du monde ici, *o-ouic coupa iké.*

Les étrangers sont arrivés, *o-ouic amoucome été.*

Ils sont arrivés aujourd'hui, *angueaï-té no-ouic coupa.*

Ils sont arrivés, *amoucome pooui.*

Ils arrivent à l'instant, *angueaï-té ryot.*

Je suis arrivé, *a-éoupa, a-eukehit.*

Ne pas arriver, *né-rio-gne.*

S'asseoir, *é-apoui.* Pour m'asseoir : *t-apouyobo.*

Attacher, *é-o-couat, é-anoug.*

Attacher les feuilles pour couvrir une case, *anpanci.*

Attendre, *é-ranron.*

Attends-moi : *né-ranron yé!*

Attends un peu : *é-ranron-raïp, é-ranron missic éyoupa!*

Avoir, y avoir — *a).* J'ai des marchandises, *y-éco-i mamaé.*

Je n'ai pas de femme, *n-a-ico-ye ré-récouare yé.*
Je n'ai pas d'enfants, *n-a-ico-ye é-raïre yé.*
Il aura, *taarané o-ico.*
Il y a des poissons, *o-ico pira.*
Il n'y en a pas, *n-é-ico-ye.*
Il n'y a personne, *n-écoye coupa.*
Il n'y a pas de chemin, *na-ico-ye pé.*
Il n'y a rien, *na-ico-ye aougne-ra.*
Il a eu, *couévévégne sico.*
Qui en a : *aoua pé-rico-gné?*
Il n'a pas de femme, *na-récouare.*
b) As-tu des enfants : *oué né-raïre?*
As-tu du cachiri : *oué caciri?*
J'ai des enfants, *ouété é-raïre yé.*
J'ai une femme, *ouété ré-récouare yé.*
As-tu des perles : *ouété mohire?*
Oui, il y en a : *honhon ouété.*
Y a-t-il du gibier : *ouété myare?*
Ont-ils des canots : *ouété igare?*
As-tu encore du cachiri : *ouégné caciri?*
En as-tu encore : *ouégné, ouété-gné?*
Avoir besoin — J'ai besoin d'un petit garçon, *a-potat counoumi ékeure.*
J'ai besoin d'un petit garçon pour rester avec moi, I, *a-pota téco-rahire é-pouri t-o-tourooue.*
J'ai besoin d'une femme pour faire mon travail, *a-potat ouaïmi a-pocico é-pouri.*
J'ai de la chance, *émiat yé.*
Je n'ai pas de chance, *na-imia-ye.*
Avoir de la chance, I, *ouépouc.*
Ne pas avoir de chance, I, *n-opit.*
Avoir faim, I, *émouiahi.*
J'ai la fièvre, *i-caraeu yé*; I, *é-caraheu yé.*
J'ai peur, *a-kiyé.*
J'ai soif, I, *piriahi é-ouat.*

— 115 —

Je me baigne, *a-yaou;* I, *é-yaou.*
Je vais me baigner, *a-yaou-tat.*
Tu te baignes, I, *né-yaou.*
Baisse la tête : *né-ancan é-yaouic!*
L'eau de la rivière baisse, *ti-pap.*
Se balancer dans un hamac, *é-acimong.*
Balayer, *itiouèye.*
Bander un arc, *é-mapouratan.*
Battre, *é-noupan, o-ye-noupan, o-y-apici, o-poco.*
Blanchir (les cheveux), *é-a-sing.*
Blesser, se blesser, *o-kecikeci, a-y-apiape.*
Il s'est blessé à la jambe, *é-rétouman a-i-keci.*
Boire — *a*). Je bois, *a-caou.* Tu bois : *éré-caou.*
Il boit, *o-caou;* I, *caou-érène.*
Elle boit, *ouaïmi caou;* I, *ouaïmi caou-érène.*
Nous buvons, *o-caou piroucoupa;* I, *oro-caou-téué.*
Vous buvez, *o-caou piroupégné, pirougue o-caou.*
Vous buvez, I, *o-caou coupa atire-pépé.*
Ils boivent, *caou-réhèye coupa;* I, *o-caou.*
Elles boivent, *yatit ouaïmi o-caou.*
Tu as bu, *éré-caou-pap.*
Je boirai, *a-caou taaroué yérénou.*
Tu boiras, *eré-ota-pé ré-caou.*
Il boira, *o-o caou.*
Nous buvons aussi, *oro-caou-érène.*
Buvons ensemble : *oyeèp a-caou!*
Buvons tous : *yatire pégné o-caou coupa!*
Je bois aussi, *a-caou-érène.*
Il ne veux pas boire, *n-o-caou-tari aoui.*
Je ne veux plus boire, *o-caou n-a-potari yé.*
Boire — *b*). J'ai bu, *a-ou-tat.*
J'ai déjà bu un peu, *a-ou-tat mitic yé.*
Je boirais volontiers, *i-catou-té a-ou-tat.*
Il a bu, *o-ou-pap.* Bois : *é-ou.*
Bois donc : *é-ou-ton!* I, *é-ou-tan!*

Je ne veux pas boire, *n-a-ou-tari*.

Tu ne veux pas boire, *n-éré-ou-tari*.

Je n'aime pas boire, *n-oy-ou-ouaye*.

J'ai bu assez, j'ai fini de boire : *oouyé a₋ou*.

Apporte-moi à boire : *é-rou té t-a-ou-érène !*

Buvons ensemble, I, *atire-pépé t-a-ou coua !*

Boire — *c*). Apporte à boire, I, *e-roure t-o-o-come*.

Apporte-leur à boire : *é-roure t-o-o-come*.

Je veux boire avant de partir, *a-ou-ta cacinao*.

Boucaner, *o-caain ;* I, *é-moucaé eïnong mimocaé*.

Bouillir, *mimougne ;* I, *meïmougne, mimoye*.

Va faire bouillir le hocco : *a-i-mopopouit moutou ;* I, *né-raï mimougne moutou !*

Brûler, *o-caye*.

Brûler l'abatis, *é-apoui, yapawe*.

L'abatis est fini de brûler, *é-co caye, é-apoui é-co*.

Va brûler l'abatis : *écoua yapawe !*

Brûlez l'abatis, I, *é-apouih né-co !*

Calfater le canot, *a-ssossog ;* I, *e-ssossoc*.

Canoter, *aïpi*. Être las de canoter : *aïp-ap*.

Camper, I, *hanquégnon t-é-ket*.

Casser, briser : *a-caat*.

Causer, *saï-monguéta, poronguéta ;* I, *saï-mong*.

Viens causer : *ayoé aï-mongueta, saïmonguéta !*

Viens causer, I, *é-yoraï saïmong-état !*

Chanter, *o-yingare, é-poraye*.

Je chante, *a-yingare*. Tu chantes : *éré-yingare*.

Il chante, *o-yingare*.

Chanter, *o-gneain* (les oiseaux), *gnainhain* (le coq).

Charger un fusil, *o-i-poroung ;* I, *a-poroung*.

Le fusil est chargé, *o-i-poroung aracabousa*.

Le canot est chargé, *é-i-poroung igare*.

Chasser un chien, un importun : *amétarainhou*.

Chasser, *i-poraca, caa-roupi écat*.

Il est allé chasser, *i-poraca ó*.

J'irai chasser, *taarané i-poraca.*

Tu vas chasser, *écoua éta poraca.*

Il est à la chasse, *i-poraca aoui.*

Ils chassent, *i-poraca amoucome.*

Chatouiller, *é-mo-kiri.*

Chauffer, *a-i-mou-acou.*

Chavirer, *a-ipomi.*

Chercher, *écat, piarame.*

Coïter, I, *ménon missic.*

Commander, *a-mo-poucoum.*

Commande à tes gens d'aller pêcher : *écoua okipoye ré-i-pécoum!*

Il a commencé à travailler, *a-pocico o-pouirong aoui.*

Comprendre, connaître : *a-coa, a-coa-p ; I, éré-coa.*

Il connaît bien le dégrad, *ouanémae coa-érène.*

Je ne connais pas, *n-a-coa ité siyé.*

Je ne sais pas, I, *n-a-coa-i-verenon, n-a-coua-yi son-yé.*

Coucher un objet, *é-mo-yénoung, ouéoué-yénoung.*

Se coucher, *iké ; I, écouère mocoye éyoupa.*

Se coucher dans un hamac, *éké ni-kéawe-pé ; I, écoua néké opéké.*

Se coucher sur un boucan, I, *ékère euouive panionariyoua.*

Coudre, *mo-poupouc ; I, mo-poupo.*

Son sang coule, *i-roui o-tiki-tit.*

La calebasse coule, *mouroutoucou o-tiki-tit.*

Couper, *é-keuci, itic, étap, o-itap ; I, étaoue.*

Se couper, *o-kecikeci ; I, i-po-quici.*

Couper les arbres de l'abatis, *ouira taïrenon o-itic.*

Couper le gros bois de l'abatis, I, *é-co-iap ouira itéoue.*

Aller couper des feuilles pour couvrir la case, *caa-rowe o-poo écoua nétame étéropat!*

Couper le petit bois, *can-nopan.*

Couper, cueillir des ananas, *i-monoc nana.*

Courir, *é-gnane.*

Couvrir une case, *é-opat ovui énanpanci.*

Cracher, *okerik; I, eacat.*

Cracher le sang, *ouépouc.*

Creuser, *tapoui-cogne.*

Crier, *apoucaye;* I, *ouariouo.*

Croquer, I, *éresséou.*

Cueillir, *é-po-o.*

Cuire, *o-yip.*

Danser, *poraye;* I, *pé-poraye.*

Ils dansent, *amoucome poraye.*

On va danser, *o-ota porai-to.*

On va danser jusqu'au jour, *o-poraye coème coupa.*

On ne dansera pas jusqu'au jour, *n-é-poraye ni-coème coupa.*

Veux-tu danser avec moi : *éré-porai-ta pé-pouira?*

Demander, *porandou;* I, *a-porandou.*

Que demandes-tu : *mamaé ré-porandou.*

Demeurer, rester. — Reste avec moi ici : *kévé é-pouita é-pourt.*

Reste! on fera du cachiri que tu pourras boire demain : *é-pouita-raïp, t-a-inoung miticé caciri t-éré-ou yiwe!*

Se dépêcher, *coïcéainco ;* I, *eooyou coupa ita cocé-ouarenon.*

Dépêche-toi à pêcher : *éképoye coïcéainco.*

Désamarrer, *é-yorap;* I, *péanoug.*

Descendre, *o-ouyip ;* I, *o-oueyip.*

En descendant de ma case, j'ai vu une tortue : *o-ouyip é-rétame kévégné yaoui-to réssae.*

Descendre d'un arbre, descendre à terre : *o-ouyiyioui.*

Descendre la rivière, *o-mouiap.*

Dessiner, *couciouare;* I, *cociouat, ma-couciouare.*

Détester, *n-a-potari, n-éroïivété;* I, *né-rorou yé ouitéhè.*

Devoir à quelqu'un, *nainpoui meaing.*

Dire, *ainhi, éhi ;* I, *a-y-éoune.*

Il me l'a dit, *aougne ainhi yé.*

Il a dit, il a parlé, *éhi manté.*

Il n'a rien dit : *n-éhi.*

Je t'ai déjà dit, *a-hé coranou.*

Tu m'as dit que tu étais malade, *é-técorané t-a-éoune éndé-wé.*

Dire bonjour, I, *ériyipé.* Bonjour : *eriyoué, eriyoué ériyipa.*

Se disperser, *opong oyéoui.*

Se disputer, *a-i-coonhain, a-i-cooai;* I, *mo-ooupéïté.*

Donner — *a).* Je te donne des perles, *mohire ené a-i-meaing yé.*

Je te donne un couteau, *a-i meaing yé maria éné.*

Je te donnerai un sabre, *coromo taarané a-i-meain sab éndé;
sab a-i-meain-ta pessou éndé.*

Que te donnerai-je : *mamaé a-i-meain-ta édé-we?*

Je te donnerais volontiers, *ayé épa a-i-meain dé.*

Je ne te le donne pas, *n-a-meaing ang iraïp né.*

Donne-moi du cachiri, que je boive : *aimeain caciri t-a-ou!*

Donne-moi une bougie : *aimeaing yé touri!*

Donne-moi un banc pour m'asseoir, *aimeain apouca yé t-apouyobo!*

Donne-lui un hameçon : *amaiain pina aoui.*

Je te donnerai un sabre, I, *a-meain sab endé-ue.*

Donne à manger, I, *aimeain myou!*

Donner — *b).* Donne-moi du tabac, *moo pétoun yé!*

Donne que je mange! *aimoo t-a-ou!*

Donne-moi ton cigare pour que je fume : *aimoo pétoun yé t-a-
mossouc!*

Donne-moi de l'eau, I, *é-mou heuh yé!*

Donne de l'eau que je boive! I, *aimouou heuh t-a-ou!*

Donne-moi à manger : *aimououre é-myou yé! éré-myou aimou
yé!*

Dormir — Je dors, *a-ké-ota;* I, *a-kéta yé.*

Tu dors, *éré-két.* Il dort : *o-két.*

Nous dormons, *a-ké pirououcoupa; a-ké éréhiye coupa.*

Vous dormez, *a-ké piroupégné, a-két.*

J'ai dormi, *aké-pap;* I, *a-ké pa yé.*

Tu as dormi, *éré-ké-pap.* Il a dormi : *o-ké-pap.*

Je dormirai, *a-két taaroué yérènou;* I, *coromo ké-ta yé.*

Tu dormiras, *éré-ota-p éré-két;* I, *oyéyé-ré-ket.*

Il dormira, *o-opa o-ké.*

Je veux dormir, *a-ké-otat, a-ké-ota yé.*

Je vais dormir, *a-yor-a-ké.*

Tu vas dormir, *éré-o ré-ké, aëlé ré-ké-otat.*

Dors : *é-két!* Dormons, I, *eyéip éri-ket!*

Allons dormir : *yaè a-két!*

Dormir toute la journée, *é-ké-ripa aruo.*

Je ne m'endors pas encore, *n-o-ké-ri-ué.*

Veiller, *n-a-kéri-coème.*

Durer, *antanhan;* I, *coromo-pi.*

Écorcher, I, *pir-ocaoue, é-mo-ca-pirère.*

Écouter, *é-y-apouiaca, é-anhainoa.*

Écrase du sel : *saoutou é-coumic!*

Embarque-toi : *é-pot, é-yo ré-pot!*

Emplir, *moïné-mérou;* I, *é-naapi.*

Emporte le bouillon : *étacou é-raa!*

Il a emporté ses flèches, *oui-rapare-té é-ra.*

Sa main enfle, *né-po i-rourou.*

Enfoncer, planter : *é-antime.*

Enivrer, *acouracoura.*

Enivrer la rivière, *cinegat.*

Enlever, ôter : *é-moouit, é-moca.*

Ennuyer, agacer : *é-mossourouc.*

Enseigner, montrer : *é-mo-méou, t-a-moumeou-ine.*

Enseigne-moi pour que j'apprenne : *é-moméou yé a-i-moépaè!*

Entendre, *é-rendou poui;* I, *é-annon-raip.*

Je n'entends pas, I, *n-o-nannon couaye.*

Il a été enterré, *é-atip aoui;* I, *ouathipa coupa.*

Entrer, *a-atioupa;* I, *iké.*

Envoie-moi ton fils : *é-moure é-coti né-raïre!*

Épluche le manioc : *maniore o-piroc!*

Essuyer, nettoyer : *é-mocossouc.*

Éteindre, *é-moép;* I, *é-moouet, a-moère-tat.*

Éternuer, *é-ansanme.*

Cela m'étonne, *n-a-i-pocoua yé.*

Être. — Il est jour, *aété coème.*

Ceci est à lui, I, *né-péouare été.*

Ceci est à moi, I, *mamaé té-péouareétéan.*

Je suis pressé, I, *n-a-ouiari.*

Être patient, I, *yéapoui acagné saoure épit.*

Être en colère, I, *a-yéinouron.*

Je suis fâché avec toi, *a-imoron né-coti.*

Faire — Je fais un abatis, *a-inoug é-co.*

Je vais faire un hamac, *a-inoug-tat kéawe yé.*

Fais-le : *éré-inoug!*

Fais-moi un chemin jusqu'à la crique : *é-inoug pé é-raa téancan roupi!*

Fais-moi une grande case : *oca énou yé tourou!*

Que faites-vous : *mamaé-ra pè-inoug?*

Fais du feu sous le hamac : *é-inoug tata kéawe iouiripé!*

Fais-moi un tabouret : *apouca énoug yé!*

Elle fait de la cassave, *aouïmi méyou inoug.*

Qu'est-ce qu'il faut faire : *mamoère pocico?*

Il fait chaud ici, *piraye kévé.*

Faire des éclairs, *soukeu-catou;* I, *ipiro-catou.*

Faire froid, *inouang, é-roï;* I, *é-rohih.*

Faire un cadeau, I, *méain guiève.*

Faire la grimace, *o-inoug a-imissire.*

Faire le glorieux, *o-imoéè.*

Faire mal, *aeu;* I, *aeuh.*

Cela me fait mal maintenant, *aougne-té angueai aeu aeu yé-ou.*

Tu as mal à l'estomac, *né-pocia aeu.*

L'épaule me fait mal, *aciou aeu.*

Tu es fatigué, *éné érahipa.*

Je ne suis pas fatigué, *yé n-érahipa.*

Fendre le bois, *yapéa é-oca.*

File le coton pour faire des hamacs : *é-poan ni-kéawe.*

Finir, *o-pap;* I, *a-ouyé-pape.*

J'ai fini, *a-mo-pap, a-oyé-pap.*

Nous avons fini, *aoupap.*

J'ai fini de boire, I, *o-ouyé a-ou.*

J'ai fini de manger, I, *a-ouyé-pa é-myou.*

J'ai presque fini, I, *amoucañème a-oyé-pap.*

Flécher, *a-gniouon.*
Frotter, *é-ipikirik, épipine.*
Fumer. — Je fume, *t-a-mossouc;* I, *pétoun mossouc.*
Tu fumes, *éré mossouc;* I, *éné ré-mossouc.*
Il fume, *o-mossouc;* I, *aougne ré-mossouc.*
Elle fume, *ouaïmi pétoun mossouc;* I, *ouaïmi ré-mossouc.*
Nous fumons, *mossou pirououcoupa;* I, *é-mossoué piroucoupa.*
Vous fumez, *mossou pirououpégné, pirougné mossouc.*
Vous fumez, I, *é-mossouc pirouécoupan.*
Ils fument *aouacome mossouc;* I, *n-o-mossouc yaoui.*
Elles fument, *yatit ouaïmi mossouc.*
Elles fument, I, *mossouc ouaï(mi).*
J'ai fumé, *a-moussou-pap.*
Tu as fumé, *éré-mossou-pap.*
Il a fumé, *o-mossou-pap.*
Je fumerai, *t-a-mossouc taaroué yérènou.*
Tu fumeras, *éré-otapi ré-mossouc.*
Il fumera, *o-o mossouc.*
Fumer (le feu), *éracoan.*
Garder. — Vends-moi l'agami : *yacami aiméaing yé!* Non, je le
    garde : *n-a-méaing o-ico-té ico, é-réïma, a-ico-atat.*
Geindre, *yamou;* I, *e-amon, n-a-i-capare.*
Glisser, *iyoun.*
Graisse tes couteaux, *né-maria é-morop!*
Gratter, *o-icacagne.* Se gratter, *erémone.*
Le tigre grogne, *yaouare o-nourourou.*
Guérir, *catou-pap.*
Haler, remorquer, *é-monting.*
Se heurter, *acamotac.*
Ignorer, *oboromo.*
Le chien jappe, *caicoui aème.*
Jeter, *é-mopeye, étic.*
Jette l'eau du canot : *eu étic !* I, *iteu-heuh.*
Jouer, plaisanter, *a-i-maraye, a-i-moraa.*
Jouer avec une femme, *yavi.*

Jouer de la flûte, *toulépoui*.

Laver, *é-coutouc, è-coussouc*.

Se lever, *é-poanme*, I, *é-pouanme*.

Se lever matin, I, *a-maain ihivé*.

Manger — *a*). Je mange, *a-imiou yé ;* I, *a-imiou*.

Tu manges, *éré-imiou*. Il mange, *o-imiou*.

Nous mangeons, *a-imiou pirououcoupa*.

Vous mangez, *a-imiou piroupégné*.

Ils mangent, *a-imiou piroupégné coupa, a-imiou réhiye-coupa*.

J'ai mangé, *a-imiou-pap*.

Tu as mangé, *éré-imiou-pap*.

Il a mangé, *o-imiou-pap*.

Je mangerai, *a-imiou taaroué yérènou taarané a-imiioua ;* I, *a-imiou-potat*.

Tu mangeras, *éré-otapé ré-miioua*.

Il mangera, *o-o imioua*. Mange : *imiou !*

Je veux manger, *a-imiou-potat*.

Viens manger, *é-yot imiou, é-yo imiou !*

Je ne vais pas en manger, *ouaye imioua-tat yé*.

Ne pas manger, *n-a-imioua-ye*.

Manger — *b*). Mange : *é-ou !*

Je mangerais volontiers, *i-catouté a-ou-tat*.

Il n'y a rien à manger, *n-a-icoye a-ou maain*.

Je mange du caïman, *a-ou-é yacaré*.

Je ne mange pas de caïman, *n-a-ou-ye yacaré*.

Je ne mange pas, *n-a-ohi yé*.

Marcher, *é-anta*.

Tu marches lentement, *méouété éré-ata*.

Mentir, *irouaité*.

Mettre — J'ai mis là la cassave, *kiouare écroui inoug méyou*.

Mets là bas : *é-inoug mocowe !*

Mets là le couteau : *é-inoug amocobe maria !*

Mets des patates dans la marmite; *é-inoug yétic touroua poupé*.

Je l'ai mis ici, il est ici : *kévé-neuco*.

Mettre du linge neuf, *é-mougaténon*.

Monter, *o-y-oupit;* I, *o-ye-oupit.*

Monter une montagne, *yaïpit;* I, *ioutire ariouoééme.*

Tu te moques de moi, *émoripé titéripan aoui.*

Mordre, *a-ssouou;* I, *e-ssouhou.*

Le chien t'a mordu, *yaouare né-ssouou né.*

Les chiens mordent, *yaouare ssouou.*

Il ne mordait pas, *na-po-ssouou aougne.*

Se moucher, *amoui, né-amoui é-moine;* I, *né-ameu é-moène.*

Mourir, *manon, mouanon.*

Il est mort, *o-manon, o-mano-ma;* I, *mouénon.*

Il est mort depuis longtemps, *mouéno-ma-p.*

Il a manqué mourir, *o-manoème myame.*

Il en mourra, *mouanon-tani.*

Je serais content qu'il mourût, *apota ang manon.*

Prends garde qu'il ne meure ici, *n-o-manon iké-ne.*

Il n'est pas mort, *n-o-manon-couaye.*

Ces gens sont morts, *o-pao coupa.*

Nager, *o-hipap.*

Nomme-moi ces choses-là : *é-mouou amou yé!*

Se noyer, *o-manon eu poupé.*

S'occuper, *a-yiipé ipé.*

Oublier, *éraraye;* I, *éréaraye-oui.*

Ouvrir une malle, un pagara, *a-pouyao.*

Je pagaye, *é-poucoui.*

Tu pagayes, *éré-poucoui;* I, *éné poucoui.*

Il pagaye, *o-poucoui.*

Cet homme pagaye, *aouacome é-poucouit.*

Le matin il faut pagayer, *ayiivé é-poucouit catou.*

Pagayer vigoureusement, *caci é-poucouita;* I, *ouaïvo époucoui.*

Pagayer pour virer, *éciounga, sékeuye.*

Parier, I, *cooui o-oua-né coupa.*

Parler, *yaeuou* (une langue). Il parle : *yaouou-tat.*

Parles-tu oyampi : *é-réndou-ouérène oyampi aeuou?*

Parles-tu oyampi, I, *dé-coua tapougne oyampi aouiou?*

Il parle, I, *yaouiou.*

Je lui ai parlé déjà, *a-é-pa youpé.*

J'ai fini de parler avec tous, *aoui-pa youpé-con.*

Je parlerai, je le dirai : *t-a-moumé-ourénou.*

Parler à quelqu'un, *é-réyipé.*

Il n'est pas commode à parler, *antan-réyipé.*

Il est parti dans le bois, *o-opa caa poupé.*

Il est parti, ils sont partis : *o-opa, o-opa-p.*

Ils sont tous partis, *opong o-o.*

Cela va passer, *coromo o-pit.*

La maladie est-elle passée : *o-coua-pa oui myame?*

Payer, *a-poui-meain-ma;* I, *épouih-meain.*

Je ne te dois rien, *n-a-poui-oui mamaé oui.*

Pêcher, *o-kipoye;* I, *coupoye.*

Je vais aller pêcher, *taarané o-kipoye-té;* I, *coupoye t-a-ouatat!*

Tu vas aller pêcher, *éré-ota pé-ré-kipoye ta.*

Va pêcher, I, *écoua é-coupoye ita.*

Aller pêcher, I, *écouaye pouihi.*

Pêcher à la ligne, *o-pina-itic.*

Se peindre le corps, *é-i-mo-catou.*

Perdre, *o-cagnèm.*

Péter, *t-é-pouinon;* I, *piriri.*

Piailler, *i-payé-vérène.*

Piler, *é-assoc.*

Piquer, *o-ssoc;* I, *é-sso.*

Plaisanter, *é-moraa;* I, *o-yimorara-té.*

Plaisanter, I, *é-raoui-pawe.*

Planter, *a-n-time;* I, *a-n-toume, i-mi-toume.*

Pleurer, *o-yao;* I, *a-yao.*

Pleurer *éa-r-i.* Pas pleurer : *e-yao-sso.*

Pleure : *é-yao!*

Pleuvoir, *aman o-kit.*

Il pleut très fort, *aman-o-kir-éou, o-ki taïrenon.*

Il pleut à verse, *o-ki-pirouregné amane écoua.*

Pleuvoir à verse, I, *eïté heuh.*

Il ne pleut pas, *n-o-keure.*

Il a fini de pleuvoir, *aman-o-pit.*

Plumer, *é-av-ô.*

Pondre, *piya mo-ème ; I, roupia énoug.*

Porter, emporter : *i-raa, i-rout.*

Je porte, *a-raa-tat.*

Je porte une malle, *ouira-carourou a-raa-tat yé.*

Je porte le fusil, *aracabousa a-raa-ta yé.*

Tu portes, *é-raa.* Porte : *é-raa !*

Il porte, *é-raa.*

Porte cela au village : *é-raa pougne énawe !*

Porte mon hamac : *kéawe é-ra yé !*

J'ai besoin d'hommes pour porter mes bagages, *a-potat aougne to é-raraï e-mamaé yé ; I, a-potat téco-con é-mamaé-ta i-raa yaouco.*

Porte cela au dégrad : *é-roure pougne yaroupawe pé !*

Porte cela chez moi : *é-roure pougne é-pouri !*

Ton père a emporté son fusil, *aracabousa o-rout papa.*

Porte la cassave dans ta hotte ; *é-rou-pa meyou panacouère inoug !*

Se porter bien, I, *ouaté a-ico, ayé-ètè.*

Se porter mal, I, *n-ouaré-ico.*

Comment te portes-tu ? *manéoua ré-ico ? manéoua caci po-pégné? maneoua caci po pe-ïco?*

Pourrir, se gâter : *i-nème.*

Pousser, sortir de terre : *o-ème.*

Je peux, *é-inoug.* Tu peux : *éré-inoug.*

Il peut, *o-inoug.*

Je ne peux pas, *n-a-inoug.*

Tu ne peux pas, *n-éré-inoug.*

Il ne peut pas, *n-o-inoug.*

Ne pas pas pouvoir, *n-a-inou-ye.*

Prendre, *é-pouic, é-kehi ; I, é-pouihic.*

Va le prendre : *écouaye pouii !*

Prends garde, attention ! *eke, oko !*

Prendre garde, *amocoye.*

Les femmes préparent le cachiri, *ouaïmi-gouère pocico caciri.*

Prête-moi ton couteau : *maria maingahi yé !*

Se promener, *a-ame ;* I, *a-ama-you-yé-oui.*

Aller se promener, *a-ame yo yé.*

Promettre, *manpoupé époui ékéréo.*

Quereller, I, *é-noupan imonooue.*

Raccommode ma chemise : *yé chemise é-mo-catou!*

Ramasser, *m-atit ;* I, *é-mo-atit.*

Raper le manioc, *ékerek ;* I, *manihove é-yaoc téréqueri-cabo.*

Se raser, *yapouca-rapina.*

Se rassasier, *étanrema yé.*

Mon travail est fini, je ne recommencerai pas : *a-pocico o-pap, n-a-pocico-aing yé.*

Redemander, *avire ivérène.*

Refuser, *n-a-maiain hang ;* I, *n-o-mée couaye inère.*

Regarder, *a-meain.*

Remercier, *ivoté, aouyité pé-rénou yé.*

Renverser, *o-at* (tomber).

Se reposer, *aipa yé, apouita, ou-apoui.*

Respirer, *a-i-manan-catou.*

Respirer bruyamment, *é-canéon.*

Reste tranquille : *é-pic !*

S'en retourner, *a-yeouit, a-yioui outat.*

Se réveiller, *a-ké-pap ;* I, *é-maè.*

Rêver, *a-pouame ;* I, *i-poame.*

Rire, *o-pouca ;* I, *a-pouca.*

Rôter, *é-éou ;* I, *i-catou a-ou.*

Rôtir, *émiit.*

Saigner, *i-roui o-tikitit.*

Je saigne du nez, *apouic oupouc yé.*

Savoir, *a-coa.* Ne pas savoir : *n-a-coa-ye.*

Sentir (verbe trans.), *a-étoune.*

Sentir (verbe intrans.), *i-pié.*

Sentir bon, *i-pié-catou.*

Sentir mauvais, *n-i-pié-catou-ye, i-pié aïp.*

Serrer, attacher fortement : *é-o-couare antan.*

Sommeiller, *o-ké-wie, o-ké-wie-coème.*

Sortir, *é-mo-ème, a-ème-tat.*

Il est sorti, *o-èm-ap.*

Souffrir, *a-opoui, apéyou.*

Tiens bon : *é-pouicouic!*

Tirer de l'arc, du fusil : *i-gneuouon, é-api.*

Tirer, extraire : *é-yohi.*

Tomber, *a-at.*

Il tonne, *toupan.*

Il ne tonne pas ici, *n-i-toupan kévé.*

Ne me touchez pas : *cré-tité réyoune! mocoye, éyoupa!*

Tousser, *ouou.*

Transpirer, *é-piriaye.*

Travailler, *a-pocico, o-mbaé.*

Tu travailles à l'abatis, *né-pocico é-co poupé.*

Travailler de bon cœur, *niévé catou pocico.*

Il a froid, il tremble : *é-rohi aoui titic.*

Les feuilles tremblent, *o-moouirou caa-rowe.*

Il tremble de peur, *o-moñiye aoui.*

Tromper, *é-moripé; I, a-eukèhe.*

Tuer, *é-youca.* J'ai tué : *é-youca, a-ica.*

Qu'as-tu tué : *mamaé ré-youca, mamaé pé-rtca?*

Tu l'as tué, *éré-youca pougne.*

Je n'ai pas tué, *n-a-youca-ye.*

Il a tué, I, *o-youca.* Il n'a pas tué, I, *n-o-youca.*

J'ai manqué, *a-yaoui.*

Uriner, *carou.*

Vendre, I, *eouitou.*

Combien veux-tu vendre tes chiens : *mamaé caïcoui épouire mo répouigne?*

Je viens, *a-yot.* Viens : *é-yo, é-yot!*

Tu viens, *éré-yot, ri-yot.*

Il vient, *out.*

Nous venons, *a-yot, pé-ré-yot.*

Vous venez, *éré-yo pougne.*

Ils viennent, *out ari-ouérène.*

Viens un peu : *é-yo-raï !* Viens vite : *é-yo-raïp.*

Je viendrai demain matin, *cooui iyivé a-yo-ne.*

Pourquoi n'est-il pas venu : *manouyé n-o-ndour-i?*

Ne pas venir, *n-a-yor-i.*

Fais-le venir, *é-mouout !*

Voir, *essae, essac;* I, *é-maheai.*

Je vois, *a-essac.*

Tu vois, *éréssac;* I, *éré essa.*

Il voit, *o-essac.*

Je ne vois pas, *n-a-essa-ye.*

Tu ne vois pas, *n'éréssa-ye.*

Il ne voit pas, *n-o-essa-ye.*

J'ai vu, *a-essa-pa, a-essa-pa yé.*

Il y a longtemps que je t'ai vu ici, *angueaite kévé coromo n-a-essae.*

Je n'en ai encore pas vu comme cela, *n-a-issa-ye ang oo yé.*

Voler dans l'air, *o-vévai.*

Voler, *é-mona;* I, *moussa-té.*

Vomir, *a-vééne.*

Vouloir, *potat.* Je veux, *a-potat.*

Tu veux, *éré-potat.* Il veut, *o-potat.*

Je ne veux pas, *n-a-potar-i.*

Tu ne veux pas, *n-éré-potat.*

Il ne veut pas, *n-o-potar-i.*

Je veux boire un peu, *a-ou mitic a-potat.*

Je ne veux pas boire, *n-a-ou-tar-i.*

J'en veux beaucoup, *y-atire a-potat.*

Je n'en veux pas beaucoup, *n-y-atire a-potat.*

Que veux-tu pour ton hamac : *mamaé pé-ré-potat ni-keawe époui?*

Que veux-tu que j'apporte : *mamaé pé-ré-rou-potat?*

Voyager, *é-anta, a-ipi.*

J'ai voyagé, *yé a-pi-pap.*

9

ÉMÉRILLON

Ce vocabulaire a été recueilli, en décembre 1890 et en
janvier 1891, avec l'assistance du capitaine Édouard de la crique
Saï, Inini supérieur.

1° ÉLÉMENTS

Ciel, *iouaoune.* Nuage : *iouague.*

Soleil, *couaraeu.* Vent : *ouitou.*

Lever du soleil, *couaraeu o-ème.*

Jour, *coème.* Midi : *angara catou couaraeu.*

Soir, *carou.*

Coucher du soleil, *mounouan.*

Nuit, *mounghiné.*

Lune, *zaé.* Étoile : *siriké.*

Été, *couar-aïp.*

Chaleur, *acou.* Sécheresse : *coui-catou.*

Tari, sans eau : *otarac.*

Hiver, *amane o-at.* Pluie : *amane.*

Froid, *inouan.*

Éclair, *o-pérap.* Tonnerre : *toupan.*

Terre, sol : *ioui.* Or, argent : *caracouli.*

Trou dans la terre, *ioui-couat.*

Grotte, caverne : *tacourou-couat.*

Sable, *oui-sing.* Roche, pierre : *tacourou.*

Rochers des montagnes, *paritou.*

Savane, *saouane.*

Montagne, *iouitire.* Forêt : *caa.*
Eau, *ih.* Mer : *parana.*
Sel, *saoutou.* Marais : *itamté.*
Grande rivière, *euhicé.*
Ruisseau, petite rivière : *téancan.*
Source, *téancan téupouit.*
En amont, *témouiaha.*
En aval, *mouiaha.*
Saut, *itou.* Ile : *oupan.*
Dégrad, *zaoca.*
Feu, *tata.* Flamme : *endi.*
Fumée, *tata-rataming.*

2° HOMME, FAMILLE, VIE SOCIALE, etc.

Homme, *téco.* Mâle : *aouacout.*
Femme, *ouaïmi.*
Le premier des garçons, *pourang;* le second, *pia ;* le troisième,
  counoumi.
Vieux, grand-père : *tamouci.*
Vieille, grand'mère : *saï.*
Mariage, *a-mé-tat.*
Mon mari, *é-mène.*
Ma femme, *è-rérécouat.*
Père, *papa.* Mère : *maman.*
Mes enfants, *é-raït.*
Mon fils, *é-raïre.* Ma fille : *é-rayire.*
Les enfants de mon fils, *é-parih.*
Les enfants de ma fille, *é-parih yapitanron.*
Frère, *tamo.* L'aîné : *paa.*
Le jeune frère, *é-momimi.*
Sœur, *cougnan.* Grande sœur : *zaza.*
Petite sœur, *ticic.*
Le frère de mon père, *païssou.*

Le frère de ma mère, *passao.*

La sœur de mon père, *pipi.*

La sœur de ma mère, *mamaïe.*

Le père de ma femme, *païe.*

La mère de ma femme, *é-raye.*

Le frère de ma femme, *taïroit.*

La sœur de ma femme, *é-récouare ayouane.*

Gendre, *é-pari-rou.*

La famille, *ékérincomn.*

Ami, *i-moripa.*

Mon village, *é-renda.*

Mon habitation, *é-rapouit.*

Ton, son habitation : *dé-rapouit.*

Village abandonné, *é-rapouit-ouit.*

Chemin, *pé.*

Émérillon, *mérénon.*

Oyampi, *ouayapi,* Roucouyenne : *roucouyana.*

Blanc, *parainci.* Nègre : *mécoro.*

Chef de village, *tapiane.*

Guerre, *o-zé-zikian.*

Dieu, *carouat.* Diable : *carouara-youit.*

Sorcier, *pazé.*

Médecin, *baïra ipouan.*

Remède, *ipouan.*

La mort, *o-manon.*

Enterrement, tombe : *a-notème.*

Ton nom, *ndé-rérème.*

Quel est ton nom : *baat ndé-rérème?*

Chants, *o-ca-yingat.*

Danses, *o-porahat.*

Dessin, *o-caciouat.* Papier : *caréta.*

Donner en paiement, *mozépé époui.*

3º PARTIES DU CORPS, MALADIES

Chair, *é-roo-couot.*
Peau, *é-pirét.* Os : *caouane.*
Sang, *é-rooui-couet.* Veine : *é-rayit.*
Pouls, *é-youayou-couat.*
Tête, *é-ancang.*
Cheveux, *é-ancang-ara.*
Front, *é-roua-pit.* Sourcils : *é-rapoui cara.*
Œil, *é-réa.* Cils : *é-réa-popira.*
Nez, *yin-ci.* Oreille : *é-nami.*
Bouche, *é-yourou.* Lèvres : *é-rembé.*
Moustaches, *é-rémè-ra.*
Langue, *é-cou.* Dents : *é-ragne.*
Menton, *é-rayita.*
Barbe, *é-rendéoua-ra.*
Bras, *é-youa.*
Main, *é-po.* Doigt : *é-poan.*
Pouce, *é-poan-can-où.*
Index, *é-poancanoù réwéwat.*
Doigt majeur, *é-poan moutère.*
Doigt annulaire, *é-poan cami né-réwéwat.*
Petit doigt, *é-poan cami.*
Ongles, *é-po-anpé.*
Poitrine, *é-camopoui.*
Mamelle, *é-camé.*
Lait, *é-camo-roucouat.* Cœur : *é-caouane.*
Dos, *é-apé.* Ventre : *é-réé.*
Jambe, *é-rétouman.*
Genou, *énipoua.*
Pied, *é-pouih.* Talon : *e-poui-ta.*
Ongles des orteils, *é-poui-anpé.*
Aveugle, *n-o-magné.*
Blessure, *a-zéta.*

Borgne, *ouazarécta amoué.*
Douleur, *ayacacaat.*
Fièvre, *é-caraeu.*
Inflammation, *é-lourou.*
Ivresse, *a-i-pot.*
Maladie, *embaéraï.*
Rhume de cerveau, *é-ambouï.*
Rhume de poitrine, *o-ou.*
Sommeil, *a-ket.*
Sourd-muet, *n-o-nindouit.*

4º ALIMENTATION, HABITATION, USTENSILES, ARMES, etc.

Aller chasser, *avéra-tat, écoua avéra.*
Gibier, viande : *miat.* Graisse : *ikiaouit.*
Piste, *apé.* Terrier : *couat.*
Aller pêcher, *acing atat.*
Hameçon, *eukeu.* Poisson : *pira.*
Canot, *iat.* Bordages : *é-kipaci.*
Pagaie, *poucouita.* Tacari : *cayouarou.*
Écorce servant à calfater, *touriri.*
Abatis, *é-co.*
Abatis neuf, *é-co-mbouiaou.*
Abatis abandonné, *tapérère.*
Aliments, boissons : *a-ou.*
Manioc, *mandioc.*
Couleuvre à manioc, *tapéci.*
Farine, *couakeu.* Cassave : *béyou.*
Cassave fraîche, *béyou pouiouét.*
Cassave dure, *béyou atamoucouét.*
Grosse cassave jaune, *arassoca.*
Couac délayé dans de l'eau, *couakeu mohi.*
Cassave délayée dans de l'eau, *béyou mohi.*
Bouillie de couac, *matété.*
Tapioca, *tépouiae.*

Bouillié de tapioca, *tépouia motit*.

Cachiri bouilli, *caciri poupout*.

Chacola, *caciri-cing*.

Cachiri d'ignames, *cara ticouat*.

Cachiri de maïs, *aouaci coucou*.

Ma case, *é-rapouit*.

Carbet à toit horizontal, *mécoro rapoui yeranga, poon*.

Carbet à toit incliné, *é-rapoui yicimé*.

Tabouret, *apouca*.

Balai, *ioui-motéouiraoua*.

Bois à brûler, *zapéa*.

Souffle-feu, *tapécoua*.

Boucan, *pari*. Poisson boucané : *pira caain*.

Marmite en terre, *yékirirou*.

Bouillon, *yéteu*. Platine : *zapéain*.

Assiette, *parapi*. Tamis : *ourou-pème*.

Calebasse, *irirou*. Gargoulette : *moucoura*.

Vase à boire, *couyaï*.

Panier, *ouroukeri*. Pagara : *carourou*.

Hotte, *ouaeta*. Coffre, *pataya*.

Coton, *mouiniyou*. Coton filé : *nimo apoua*.

Calembé, *é-camisa*. Tangue : *kéyou*.

Hamac, *é-kéa*. Grand hamac : *zéékéa*.

Petit hamac, *kéaoui*.

Hamac en filet, *nimoucou*.

Arc, *païra*. Corde d'arc : *païra ame*.

Flèche, *é-rapat*.

Roche à aiguiser, *sépi*.

Mani préparé, *maïtakini*.

Tabac en carotte, *pétime azocouat*.

Cigare indien, *pétime*.

Enveloppe du cigare, *oulémari pirère*.

Pipe, *païpo*.

5° MARCHANDISES EUROPÉENNES

Aiguille, *cacoussa*. Bague : *mangoua*.
Bougie, *cipo-cinq*. Ciseaux : *yétapa*.
Clou, *poutoupoutomi*.
Couteau, *maria*. Le manche : *iih*.
Petit couteau, *maria-coutine*.
Epingle, *keua*. Fusil : *aracabousa*.
Hache, *yi*. Houe : *yarapaya*.
Malle, *ouira-carourou*.
Marchandises, *é-maé*. Miroir, *ouaroua*.
Pain, *poroto*. Peigne long : *keuoua pororo*.
Peigne fin, *keuoua mouit*.
Perles, *cassourou*. Plomb : *piroto*.
Poudre, *courapara*.
Rasoir, *yapocapinda*.
Sabre, *sapa*. Tafia : *parataéni*.

6° QUADRUPÈDES

Mâle, *aouacout*.
Femelle, *ouaïmi*.
Queue, *ouat*.
Acouchi, *acouci-ouat.* Agouti : *acouci*.
Aï, *aï*. Bœuf : *paca*.
Cabiaï, *capiouare*. Cerf : *éouhou cariacou*.
Chat-tigre, *maracaya*.
Cheval, *caouazan*. Chien : *zaouat*.
Cochon-marron, *tazaou*. Couata : *couata*.
Loutre, *saroro*. Macaque : *cahi*.
Pak, *pak*. Pakira : *taïtétou*.
Sapajou, *couciri*. Sarigue : *mouicout*.
Singe rouge, *akeukeu*.
Tamanoir, *tamandoi*.

Tapir, *tapiit*. Tatous : *tatou, tatou-où*.
Tigre, *zaouat*. Tigre rouge, *zaoua-pitang*.
Tigre moucheté, *zaoua-pinime*.

7º OISEAUX

Oiseau, *ouira*. Aile : *i-pépo-cang*.
Plumes, *i-pépo*. Duvet : *aouit*.
Bec, *i-ci*. Queue : *ouat*.
Patte, *étouman*. Nid : *ouaïti*.
Œuf, *oupia*.
Agami, *z-acami*. Aigle, *taouatocé*.
Ara, *arat*. Canard : *oropono*.
Cancan, *cancan*. Cassique : *zapii*.
Charpentier, *pécou*. Chauve-souris : *andéoura*.
Coq, *massacara ouacout*. Poule : *massacara ouaïmi*.
Corocoro, *macororo*. Coujoubi, *couyououi*.
Hocco, *moutou*. Maraye : *maraye*.
Onoré, *andoré*. Pagani : *zapacani*.
Perdrix, *namou*. Perroquets : *coulé*, *arancouan*.
Poule d'eau, *coutac*. Toucan : *toucane*.
Ramier, *pouicaou*. Urubu : *ouroubou*.

8º POISSONS, MOLLUSQUES

Poisson, *pira*. Petits poissons : *pira-kit*.
Aymara, *tarihit*. Coumarou : *coumarou*.
Crabe, *ouroua*. Gymnote : *pouraké*.
Pacou, *pacou*. Raie : *sipari*.
Souroubi, *souroui*.

9º REPTILES, BATRACIENS

Serpent, *mot*. Venin : *agne*.
Boa, *moy-où*. Caïmans : *zacaré, zacaré-où*.

Grage, *zararat*. Iguane : *zamaca*.

Mantouni, *vicivici*.

Tortue de terre, *zaoci*.

Tortues d'eau, *taouarou, aracaca*.

10° INSECTES

Abeille, *ëït*. Miel : *téapit*.

Chique, *chikeu*. Fourmi manioc : *éa*.

Grosse fourmi noire, *taracoua*.

Maque, *carapana*. Maringouin : *gnaincion*.

Mouche à dague, *moutouc*.

Moustique, *mapiri*.

Pou d'agouti, *moucouhi*.

Ravets, *aravé, kiyou*. Termites : *coupii*.

Tiques, *zatéoucine, coumbari*.

11° ARBRES

Arbre, *ouira*. Racines : *apo*.

Écorce, *i-pirét*. Branches : *ancan*.

Arcaba, *iya-popème*. Feuilles : *ouét*.

Graines, *ia-couet*. Huile : *kiaouét*.

Épines, *ioua-picang, aci*.

Acajou, *cayou*. Aouara : *zaouara*.

Arbre qui donne la fève tonka, *moundoueu*.

Bâche, *mourouci*. Caoutchouc : *écouman*.

Caramourou, *aramourou*.

Carapa, *zandé*. Caumou : *pindooua*.

Encens, *sipeuh*. Génipa : *zanépa*.

Mombin, *mopé*. Paripou : *parépoui*.

Paxiuba, *passic*. Pinot : *ouassèye*.

Taouari, *oulamari*. Touka : *tétoukeu*.

Arbres divers, *maripa, mouroumourou, moutouchy, pékéa*.

12° ARBUSTES, PLANTES

Arrouman, *ourououi.*
Bambous, *couaman, courmouri-où.*
Bois canon, *coulécoulé.* Calebassier : *zandéhi.*
Cacaotier, *ouarapourou, acaou.*
Canne à sucre, *ouioua-où.* Carouman : *pourouman.*
Citronnier, *mouiniyouhi.*
Cotonnier, *mouiniyou.* Igname : *cara.*
Liane, *simbo.* Liane à enivrer : *bécou.*
Maïs, *aouassi.* Marie-tambour : *tapouroumalé.*
Patates, *zétic, namoua.*
Roseau pour flèches, *ouioua.*
Roucouyer, *ouroucouchi.*
Pied de tabac, *pétimahi.*
Arbustes divers, *courmouri, moucoumoucou.*

13° FRUITS.

Ananas, *nana, nana-hi.*
Bacove, *paco.* Banane : *paco-où.*
Haricot, *coumana.* Papaye : *mapayou.*
Piment, *keui.* Pois sucré : *inga.*
Pomme d'acajou, *acayou.* Tayove : *taya.*

14° NUMÉRATION.

Un, *mozépé.*
Deux, *mocogne.*
Trois, *maapouit.*
Quatre, *momocouité.*
Cinq, *anépopa.*
Dix, *zaroupa.*
Vingt, *nandé-po-pa, nandé-poui-opa.*

— 140 —

15º PRONOMS.

SING. I

Je, moi : *yé*. De moi : *yé, é-*.
J'y vais seul, *yé taatat*.
Mon couteau, *é-maria*.
Mes deux bras, *mocogne é-youa révé*.
C'est à moi, *é-maé*.
Ce n'est pas à moi, *yé-rouan*.

SING. II

Tu, toi, te, de toi : *né, né-, endé, ndé*.
Ton couteau, *né-maria*.
C'est à toi, *énendé-maé*.
Ce n'est pas à toi, *endé-rouan*.
Et toi : *maé rétio ?*

SING. III

Il, lui : *aé, angaté*.
Son couteau, *né-maria-té*.
Son couteau à lui, *né-maria-té ndéan*.
Ce n'est pas à lui, *aé-rouan*.

PLUR. I, II

Nous, vous : *yati téco*.

PLUR. III

Eux, *yati-téco-coum*.
Ils viennent tous, *yatitécocoum o-out*.

Celui-ci, ceci : *manran.*
Autre, *amou.* Un autre homme : *amou téco,*
Rien, *d-ati.*
Lequel, laquelle ? *aoua-té ?*
Quoi ? *bäito ?*

16° PRÉPOSITIONS

Dans. Il y a des poissons dans la marmite, *émii pira kerème taou.*
Allons dans mon abatis : *zaè é-co poupé!*
Allons dans mon hamac : *zaè kéa poupé!*
Allons dans mon canot : *zaè iat poupé.*
Chez moi, *é-coti.* Chez toi : *ndé-pouri.*
Chez lui, *maïmémaïté.*
Allons chez Philémon : *zaè Philémon pouri!*
Sur. Il y a de la cassave sur la platine, *to-inong anné méyou.*
Sur la tête, *é-ancang araca-inong.*
Sous la malle, *ouira-carourou ouirecoté.*
Avec. Viens avec moi : *zaé roupi!*

17° ADVERBES

Oui, *anhan.* Non : *aïtère.*
Ici, *ame.* Pas ici : *d-ati-ème.*
Là-bas, *mouia-kété.*
En haut, dessus : *iat.*
En bas, dessous : *iouita-coté.*
Devant, *é-rénono-lé.*
Derrière, *é-rékapounet.*
Aujourd'hui, *angueai, aïpo.*
Hier, *couéai.* Avant-hier : *ouigne couéai.*
Demain, *coème.* Après-demain : *ouigne coème.*
A l'instant, *coviivé.*
Il y a longtemps, *oumaiène.*

Bientôt, tout à l'heure, *covité aouame.*

Vite, *coné.* Lentement : *coïté aouane.*

Beaucoup, *yatil.* Un peu : *moconé.*

Assez, *iétan.* Pas assez : *iévé-rouan.*

Presque fini, *inouong aïté manon.*

Combien? *manetat?*

Combien en veux-tu? *éré-potat?*

Comment te portes-tu? *naramété réyau?*

Bien, *oouaré iouit.*

Mal, *dazéï.*

Ensemble. Allons ensemble : *oyée pégné!*

Où est ton mari : *matiké né-mène?*

Où est ta femme : *matité ndé-récouare?*

18° CONJONCTIONS

Pourquoi? *baïri-té-pé?*

Pourquoi est-il mort : *baïra-té o-manon?*

Parce qu'il est vieux, *toulé t-o-manon.*

19° ADJECTIFS ET PARTICIPES

Beau, joli : *ouaté yéou.* Laid : *yaéouiraté.*

Bien portant, *oouané.* Mal portant : *embaèraé.*

Blanc, *cing, cingalou.*

Bon, *couoné iouit.* Pas bon : *daonari dazée.*

Bon à manger, *ouarégné z-a-ou.*

Pas bon à manger, *zaou-ari.*

Cassé, *o-zica.* Il est cassé : *o-acaat.*

Court, *itoucoui.* Cuit : *o-you-catou.*

Doux, *é-moui-catou.* Dur : *antan.*

Épais, *manamc.* Fatigué : *é-canéon.*

Fin, menu, petit : *cikiain.*

Fini, *o-pa.*

Fort, *ikéaci.* Faible : *ni-cacit.*
Grand, *ce.* Gras : *ikia.*
Haut, *ouaté.* Pas haut : *na-ouatét.*
Jaune, *taoua.* Léger : *yaoueouet.*
Loin, *oumououme.* Près : *atétain.*
Long, *poucou.* Maigre : *o-cining.*
Mou, tendre : *nantangué.*
Mûr, *ni-taocia-ye.*
Piquant, *ipoït.* Pourri : *ikianème.*
Noir, *benig.* Rouge : *pitang.*
Sale, *kia.* Salé : *é-mo-ssaoutou.*
Voleur, *i-monda.*

20° VERBES.

Abattre le gros bois, *a-caat.*
Abattre le petit bois, *a-caa-noupa.*
Acheter, *a-pouit.*
Aiguiser, *a-i-mbé.*
Aimer, *a-potat.* Ne pas aimer : *n-a-pota-ri.*
Aller, *atat.* Je m'en vais : *a-outa.*
Avoir. J'ai, *ang oué-ame.*
Je n'ai pas, *dati.*
Boire. Je bois, *a-ou.* Tu bois : *é-ou-ome.*
Il boit, *o-ou-éame.*
Causer, *nandéaon.*
Comprendre, *naïndouit.*
Connaître, *a-coua.*
Se coucher, *écoua pouiat.*
Donner, *a-meaing.*
Dormir, *o-két.* Je dors : *a-ket-a-ri yé.*
Écraser, *zaacouté.*
Emporter, *é-raou.*
Entendre, *a-ainon.*
Faire, *a-mbaé.* Finir : *o-pa.*

Fumer du tabac, *a-pouitet*.

Laver, *é-coussouc*.

Manger, *a-ou*. Marcher : *a-ouata*.

Mentir, *a-itéé*.

Mourir, *o-manon*.

Pagayer, *é-pouicouit*.

Je parle, *a-éyipé*.

Porter, *é-raa*.

Pouvoir, *a-maé*. Ne pas pouvoir : *n-a-maé-gné*.

Venir, *a-zot*. Voir : *a-machai*.

Voyager, *a-atat tombaé yipé*.

FIN

ERRATUM

—

Page 21, ligne 18, *oca-youare* au lieu de. ...... *oca-youarc*

— 35, — 4, *y-apore* — .. . ... *y-aporc*

— 59, — 8, *péhéré* — .... *pchéré*

— 64, — 8, Banc — .... Blanc

— 75, — 17, sommeiller — . ... .. someiller

— 76, — 3, Saut — . .. . . Sant

FIN DE L'ERRATUM

TABLE DES MATIÈRES

FIN DE LA TABLE

For EU product safety concerns, contact us at Calle de José Abascal, 56–1°, 28003 Madrid, Spain or eugpsr@cambridge.org.